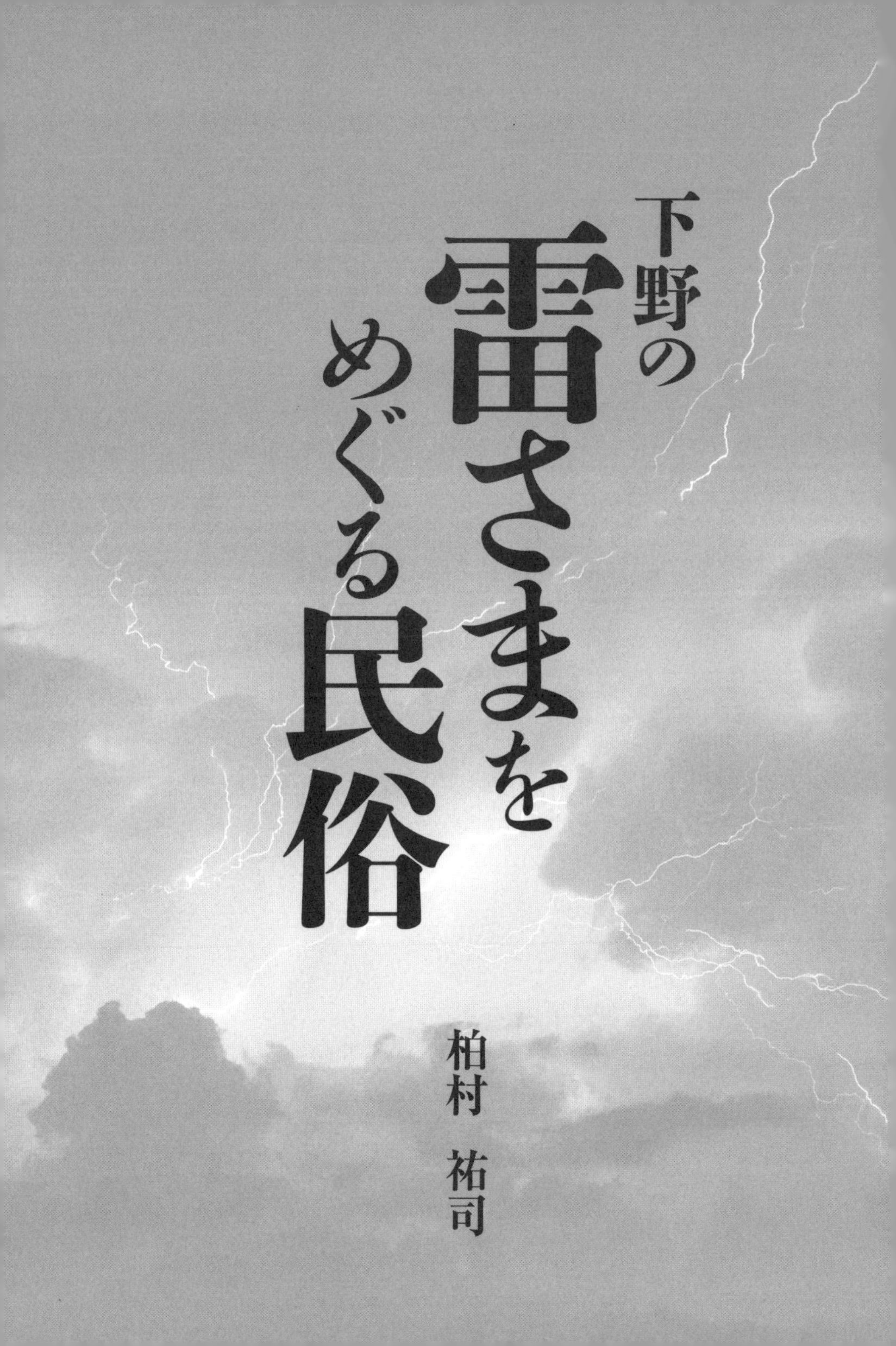

下野の雷さまをめぐる民俗

柏村 祐司

『下野の雷さまをめぐる民俗』正誤表

第二刷の際には修正いたします。

ページ	行	誤	正
75	コラム10	おおぎよりこご	おおぎこぎ
77	4	新たか	あらたか
81	14	録事尊信	録事尊信仰
83	7	録事講	録事尊講
106	16	供えた	備えた
123	12	祖母井	祖母井《うばがい》
180	6	何本結び	何本も結び
180	14	一次期	一時期
187	12	新たか	あらたか
187	16	『板倉町史通史上巻』	『板倉町史　通史　下巻』
189	14	総数七八六	総数七六六
189	15	下都賀郡一一一	下都賀郡九一
190	13	春から何	春から夏
190	16	組み入れ	汲み入れ
193	1	御神体は、長さ三尺（約九〇センチ）のヒスイ	御神体はヒスイ

はじめに

雷神信仰調査研究グループ代表　柏村祐司

昔から「地震・雷・火事・おやじ」は、こわいものの例えとされた。今ではおやじの権威は下がり怖いものに入らないようであるが、地震・雷《かみなり》・火事は、依然として怖いものである。この怖いものの一つである雷が栃木県は有名である。その「かみなり県」の異名をとる一方、近年では宇都宮市を「雷都《らいと》」と呼び雷の多いことをむしろ誇りにしている。また、栃木県では雷を、「雷様《らいさま》」と敬称をつけて呼ぶ習わしがあるが、それは雷を畏怖の対象にする一方、畏敬の念を持ち親しみ深いものとして雷を捉えていることにもよる。

ともあれ、栃木県には、雷を神として祀る神社が多い。また、地元に祀った神社のみならず、他地域の雷除《らいよ》けや雨乞いなどに霊験あらたかな雷神社《らいじんじゃ》等に対する信仰が篤く、様々な雷神社への参詣の風習が見られ、さらには落雷除けや雷の予知など雷に関する様々な言い伝えがある。それらはまさに雷県ならではの文化といっても良い。

本書は、昭和五〇年（一九七五）・五一年（一九七六）の二年間にわたる下野民俗研究会の有志（註1）による栃木県内雷神信仰調査（註2）を基本的資料として、その他、県内市町村市史や民俗調査報告書をもとにまとめたものである。

まず、昭和五〇年当時の雷神信仰調査実施の経緯について簡単に述べたい。当時、私は栃木県立郷土資料館の学芸員として勤務していた。郷土資料館は、民俗部門と考古部門の展示を中心とした施設であり、民俗部門のスタッフには、尾島利雄館長と松浦一行、それに私こと柏村祐司、その他に嘱託員二名の計五名があたった。そのうえ尾島利雄は、下野民俗研究会の理事長であり、松浦、柏村も理事の任にあった。そんなわけで郷土資料館は、栃木県における民俗学のメッカとして、多くの民俗学研究者が集まる場所となり民俗学談義に花を咲かせていたのである。熱気に溢れる若き民俗学研究者の間から、栃木県ならではの民俗について共同で調査研究が出来ないかということになったのである。あれこれと思案の結果、雷神信仰を対象にすることになった。雷神信仰ならば「かみなり県」栃木でしかできないテーマであり、聞き取り対象の古老も欠くことはなく、県下に散らばる民俗研究者にとっても調査しやすい、というわけで調査を実施することになったのである。

ところがそうした熱気とは裏腹に松浦一行により、栃木県全体については「調査概報　下野の雷神信仰」と題し『下野民俗第一六号』（下野民俗研究会　昭和五一年・一九七六）（註3）に概報としてまとめられただけであり、一方、栃木県南地方に

註1　下野民俗研究会は、初代理事長尾島利雄を中心に昭和三八年に創設。栃木県内唯一の民俗関係の研究会。研究会機関紙『下野民俗』の発刊、その他見学会、研究発表会などを実施。現在の事務局、栃木県立博物館内。

　昭和五〇年当時の雷神信仰調査・研究メンバー　天沼（江田）真理子、大橋忍、尾島（斎藤）陽子、柏村祐司、田島一利、松浦一行、三上亮順、山中清次。

註2　雷神信仰調査での調査項目

一　雷神を祀る神社　①名称　②祭日　③行事概要

二　雷にまつわる言い伝え

　①落雷・雹嵐除けにまつわるもの　○あらかじ

関して、山中清次により「栃木県南地方における雷神信仰」『民俗学評論第一五号』（大塚民俗学会　昭和五一年一〇月）と題し発表されただけであった（註4）。栃木県全域についての本格的な調査結果の報告は、その後にという訳であったが、残念ながら諸般の事情でなされずじまいにいた。

　雷神信仰調査のことがすっかり忘却の彼方にいってしまった平成二九年（二〇一七）に、調査者の一員の田島一利より、私のところに各調査員が作成した当時の調査カードの写しが出て来たとの報告があった。写しを改めてじっくりと読み直すと、調査カードは色あせてはいるが、調査員の記述内容は色あせることなく各地の雷をめぐる民俗が克明に記録されている。現在に至っては親から子へ、年長者から若者へと伝えられてきたライ神社（以下、固有名詞の雷神社と区別するために総称として便宜上「ライ神社」と表記）の祭祀や雷神信仰にまつわる風習、雷にまつわる俗信・風習等の風習は、年々衰退し、ここに示した程の話を聞き取ることはもはや不可能である。令和の現在、調査カードの写しは、単なる記録ではなく、栃木県内の雷にまつわる無形民俗文化財の記録誌とでもいえる貴重なものである。そこで田島氏との相談の結果、遅まきながら私がまとめることになったというわけである。

　さて、いざ、まとめようとした時に、昭和五〇年当時の調査した内容だけでは、不十分と思った。その後、栃木県内でも市町村史の編さんや各地の民俗調査

めの落雷・雹嵐除け○雷発生時における落雷・雹嵐除け　②雷の強弱について　③雷のやってくる方向と強さ

三　落雷について　①落雷を何というか　②落雷か所の始末　③落雷した木について　④落雷による火災について

四　雨乞い

以上の項目を設定して調査を実施。

註3　松浦一行は、この他に同じ内容で「雷神信仰」と題し『ふるさとの心』（月刊さつき研究者編　一九七七年・昭和五二発行）に発表している。　なお、「調査概報　下野の雷神信仰」では、一、雷神の祀られている神社の分布および名称、二、雷神社の勧請先・時期およびその由来三、

神社における行事　四、雷と生業　五、雨乞いの習俗あれこれ　六、雷電講について　七、雷と俗信あれこれ　八、全国の雷神信仰　について記述。

註4　「栃木県南地方における雷神信仰」では、小山市周辺の雷神信仰について一、神社の縁起と雷神にまつわる伝説　二、雷神社の祭祀形態と立地　三、農耕儀礼と雷神信仰　四、雷神信仰に関する俗信と禁忌　五、県内における大きな信仰圏を持つ雷電神社　六、今後の研究課題等について記述。

が進んだ。折角だからそうして得た資料も加えてまとめたいと思ったのである。しかし、膨大な資料を私一人だけでは、到底纏めきれない。幸い、私が講座を担当していた宇都宮大学公開講座「民俗学から見た栃木」の受講生の中から、整理だけならばお手伝いしましょうと七人の協力者が現われた。そこで新たに「雷神信仰調査研究グループ」(註5)を結成し、本腰を入れて整理および補足調査に取り掛かったのである。代表者には私がなり、月に一度私の家を会場に報告会を実施することにした。何分私以外のメンバーは、民俗学はもとより学問と名のつく専門領域に関する調査・研究は未経験である。しかし、私の講座を受講しているうちに民俗学に興味を持ち、民俗学の調査・研究をほんの少しでも味わうことが出来たらと欲望が募ったようだ。お陰で昭和五〇年・五一年当時の調査カード、および各調査報告書や市町村市史等から雷神信仰に関する事項のパソコン入力が進み、それをさらに項目別に取りまとめるという作業が平成三一年当初に無事終了した。それをもとにして私が中心となって執筆することになったのである。

本書の内容は、栃木県における雷発生のメカニズムとその特徴、雷神社の祭祀・由来、雷神社の特徴、雷神信仰にまつわる風習、雷にまつわる俗信・風習等である。述べるにあたっては、雷がなぜ栃木県に多いのか、栃木県における雷の発生のメカニズムから述べることにした。雷神信仰を促した背景についても十分

註5　「雷神信仰調査研究グループ」参加者
青木 智子　荒井 幸子
小山 佳子　柏村 祐司
後藤 房子　小西 章
坂本 明　林 憲彦
武藤 聖子

に述べたつもりである。というのも雷が多いから必ずしも祭神信仰が盛んにはならないからで、各地の農業のあり方、とりわけ農作物の栽培にも目を向けた。そのためには、各々の作物栽培地の地形や気候なども知らなければならない。落雷除けにまつわる言い伝えでは、年中行事に関連する事柄が多く、また、雷の移動にまつわる言い伝えではそれを裏付けるための県内の気象についても知る必要がある。「雷さまをめぐる民俗」は、栃木県内の地形や気候、農作物の栽培に関する知識、および民俗に関する広い知見をもとにしなければ薄っぺらな内容になりかねず、私にとってはまさに総力戦であった。ともあれも栃木県民の雷神信仰の奥深さと特徴を掘り起こしたつもりである。

こうして執筆が完了し、虚脱感に襲われそうになった時、あらためて昭和五〇年前後の世の中が思い出されたのである。当時は、日本が高度経済成長の最中《さなか》にあった時代であり、世の中が従来の伝統的な社会から新しい社会への移行しようとしていた変換期でもあった。お話をしてくださった古老を中心に考えれば、伝統的な社会に生きて来た人々ばかりであり、お話いただいた事柄は、昭和初期から昭和三〇年代のことである。お話の中に、今では忘れつつある自然との接し方が語られている。「強くて速い雷をサンバイと言い、そうした雷はフジニシの方向からやって来るから気をつけろ」とか、「東ライサマと女の腕まくりは怖くない」といった俗言は、その典型といえよう。いかに昔の人々が、自然をよく観察して暮らしに役立てていたことがわかる。また、著名なライ神社へは、ムラごとに講を組織してお参りに行くなど伝統的なムラ組織が生き生きとして存在していた。先人の生活の知恵が随所に見られる話ばかりである。

経済発展が推し進められた結果、今や合理的、科学的なことばかりが尊重され、伝統的な暮らしのスタイルや考え方はなりを潜めた。ところが最近、脱ＣＯ２社会とかが叫ばれている。今の社会の在り方に対する警鐘である。また、コロナ禍を契機に社会の在り方が変わるのではないかともいわれる。どうしたらよいか。ここに述べた「雷さまをめぐる民俗」は、これからの生き方を考える上で大いにヒントになりえる。願わくば本書「雷さまをめぐる民俗」が、単に昔を懐かしむだけでなく、これからの世の中の構築に役立つことが出来れば幸いと思うのである。

「はじめにあたって」と題し、長々と述べたが、栃木県の雷神信仰の調査がスタートしてから本書がまとまるまでには実に長い期間を要した。

最後に、調査にご協力いただいた多くの方々、および田島氏はじめ調査に当られた方々に厚く感謝申し上げる。なおこの間、松浦一行、三上亮順、大橋忍の同志および指導者の尾島利雄元下野民俗研究会理事長が鬼籍に入られてしまった。残念というほかない。亡くなられた方々のご冥福を祈る次第である。

本書を読まれる前に

・本書の執筆は、主に柏村祐司があたり、柏村以外の者が執筆した所には執筆者名を記した。
・本書に掲載した写真の撮影は、主に柏村祐司があたり、柏村祐司以外の写真は撮影者の名を記した。
・本書に掲載した図版は、坂本明が作製した。
・地名については、所在の場所を詳しくするために雷神信仰調査が行われた昭和五〇年当時の市町村名（平成の合併以前の旧市町村名）を用いた。また、市町村名大字を原則としたが、調査カードに小集落名が記された所についてはそれを尊重し小集落名までを記載した。
・話し手が語った特別な語（民俗語彙）についてはカタカナ書きにし、必要に応じてカッコ内に漢字仮名交じりで記した。
・本書を分かりやすく読んでいただくために、ところどころにコラムとして関連する事柄を書いた。

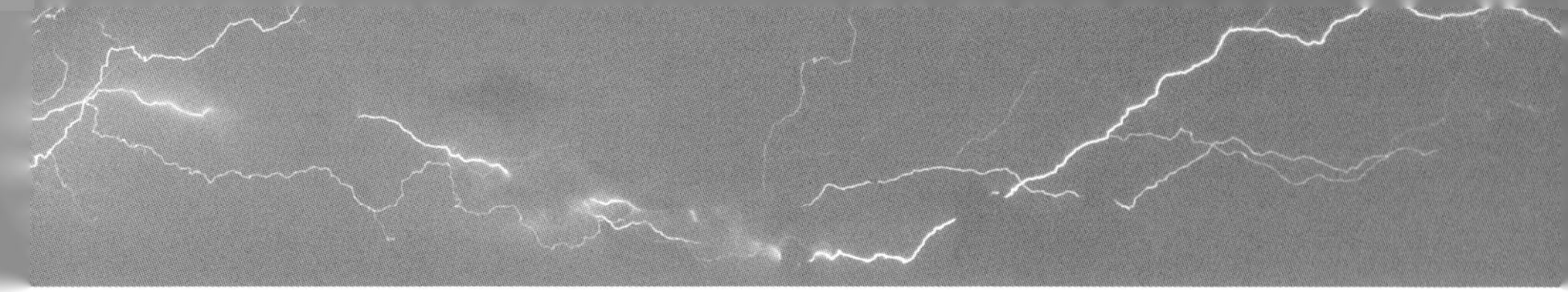

下野の雷さまをめぐる民俗

―目次―

Ⅲ 雷を神として敬う信仰
―荒ぶる神・恵みをもたらす神としての二面性を持った神―

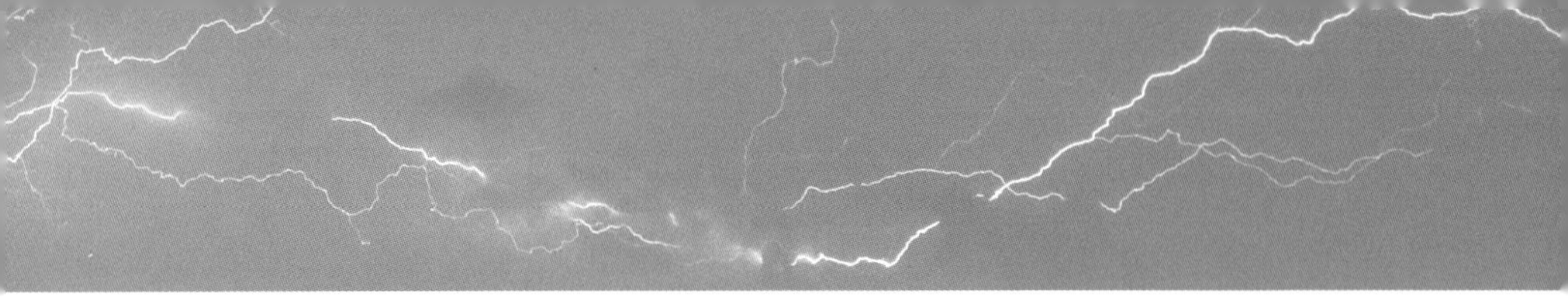

Ⅳ 雷にまつわる俗言・諺

Ⅴ 雷にまつわる民話

Ⅵ 雷神信仰の篤《あつ》い社

—月次の加茂神社・平出の雷電神社・板倉の雷電神社・樋口の雷神社—

昭和50年当時の市町村地図

N
那須町
黒磯市
塩原町
西那須野町
栗山村
藤原町
大田原市
黒羽町
湯津上村
塩谷町
矢板市
日光市
小川町
馬頭町
喜連川町
今市市
上河内村
氏家町
南那須町
足尾町
河内町
高根沢町
烏山町
鹿沼市
宇都宮市
芳賀町
市貝町
粟野町
茂木町
西方村
壬生町
上三川町
真岡市
益子町
田沼町
都賀町
葛生町
石橋町
栃木市
国分寺町
二宮町
南河内町
足利市
大平町
岩舟町
佐野市
小山市
藤岡町
野木町
現在（令和3年6月）の市町界
昭和50年当時の市町村界
0
20km

I ―「かみなり県」栃木

年間雷日数ランキング

順位	都道府県（観測地）	雷日数	順位	都道府県（観測地）	雷日数
1	石川県（金沢市）	42.4	6	熊本県（熊本市）	26.6
2	福井県（福井市）	35.0	7	鳥取県（鳥取市）	26.4
3	新潟県（新潟市）	34.8	8	島根県（松江市）	25.4
4	富山県（富山市）	32.2	9	鹿児島県（鹿児島市）	25.1
5	秋田県（秋田市）	31.4	10	栃木県（宇都宮市）	24.8

気象庁｜雷の観測と統計(jma.go.jp)を元に作成

一　栃木県における雷発生の特徴について

～夏季に雷が集中する栃木県・雷都宇都宮～

栃木県は、全国有数の「かみなり県」といわれる。夏になると、特に日中かんかん照りの時ほど雷が多発し、天を切り裂くような稲びかりに次いで空気がビリビリと振動する程の雷鳴がとどろき、時には落雷や突風、降雹等の被害をもたらす。雷は栃木県の夏の風物詩でもある。ところが年間を通した雷発生回数では、全国のトップクラスではない。全国各地の気象台の観測に基づく雷日数（雷を観測した日の合計）の平年値（一九八一～二〇一〇年までの三〇年平均値）によると、年間雷日数が多いのは何と東北から北陸地方にかけての日本海沿岸の観測点であり、最も多いのが石川県（金沢市）で四二・四日、次いで福井県（福井市）三五・〇日、新潟県（新潟市）三四・八日、富山県（富山市）三二・二日、秋田県（秋田市）三一・四日である。「かみなり県」との異名をとる栃木県（宇都宮市）は、トップの石川県よりも一七・六日も少ない二四・八日であり一〇番目である。ところが、である。暖候期（四月～九月）に限ってみると、全国平均は一九・

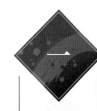

宇都宮市平出の雷電神社の絵馬

宇都宮市上横倉の雷電神社の御神像

四日であるのに対し、栃木県は二二・六日で、全国で一番多い。なお、ここでいう栃木県の数字は、宇都宮気象台で観測した日数である。つまり暖候期ではトップというのは、宇都宮市のことでもある。

　このように年間日数からみれば全国トップクラスでもない栃木県が、かみなり県といわれる由縁は、夏季に強力な雷が多発し、時には被害をもたらし、雷の印象が深いところからつけられた異名であり、ここに栃木県の雷発生の特徴を見ることが出来る。ちなみに、栃木県同様に雷県といわれる群馬県の場合は、年間雷日数二〇・四日で順位は一七位である。

　ところで、近年、栃木県をかみなり県というのに対し宇都宮市を「雷《らい》都《と》」といい、宇都宮商工会議所では、市内で作られる逸品を「雷《らい》都《と》物語《ものがたり》」として販売に努めている。宇都宮市が夏季に限って言えば雷発生回数が県庁所在地の中で全国一という、本来負のイメージの強い雷を逆手にとって宇都宮市を印象づけようと名付けたものである。

　雷は恐ろしいものとの印象が強いが、一方、日照りが続く夏季の雨は、農作物にとって恵みをもたらす慈雨となる。もともと農業が盛んであった宇都宮あたりでは、どちらかといえば雨の恵みの方が大きい。そうしたことから「雷神は作神だ」の言葉が聞かれる。雷都物語の添え書きに「天の恵みが生み出した雷都の逸品」とある。商工会議所でも雷は、恵みをもたらす神様と意識していた。また、雷を「雷《らい》さま」と敬愛や親しみを込めていっている。恵みを与えてくれるものとの意識が強かったからに他ならない。

二

栃木県における雷発生のメカニズム

～山を背負い、内陸にあり、夏季に上昇気流を生み出す栃木県～

雷の発生の原理は、強い上昇により生じた水滴が氷の粒となりそれが撹拌されて静電気を帯び、静電気が地上に放電したのが落雷であり、氷の粒が落下したのが雹、水滴が雨である。一方、急激な下降気流を伴うことがありそれが突風である。

栃木県が夏季に雷が多いのは、夏季に強い上昇気流が発生しやすいからである。夏季に強い上昇気流が生じるのは、ひとつには地形的なものがある。栃木県を始め北関東の西部から北西部にかけて秩父山地、赤城山、男体山、女峰山、高

関東地方の地形図

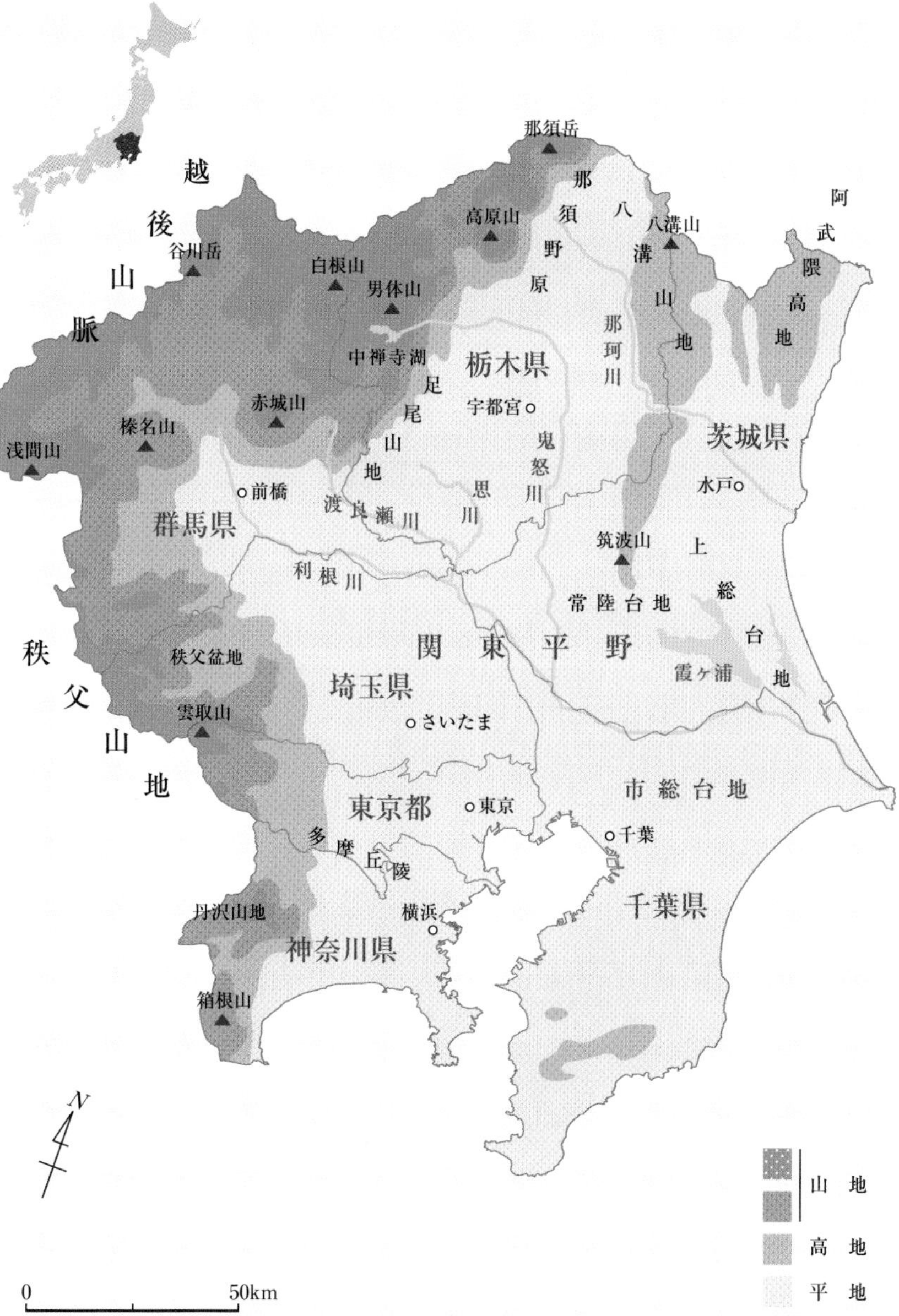
越後山脈
谷川岳
白根山
男体山
高原山
那須岳
那須野原
八溝山
八溝山地
阿武隈高地
中禅寺湖
栃木県
那珂川
足尾山地
宇都宮
赤城山
榛名山
浅間山
鬼怒川
茨城県
水戸
前橋
渡良瀬川
思川
群馬県
筑波山
利根川
常陸台地
上総台地
関東平野
秩父盆地
秩父山地
埼玉県
霞ヶ浦
雲取山
さいたま
市総台地
東京都
東京
千葉
多摩丘陵
千葉県
丹沢山地
横浜
神奈川県
箱根山
N
山地
高地
平地
0
50km

栃木県の地形区分

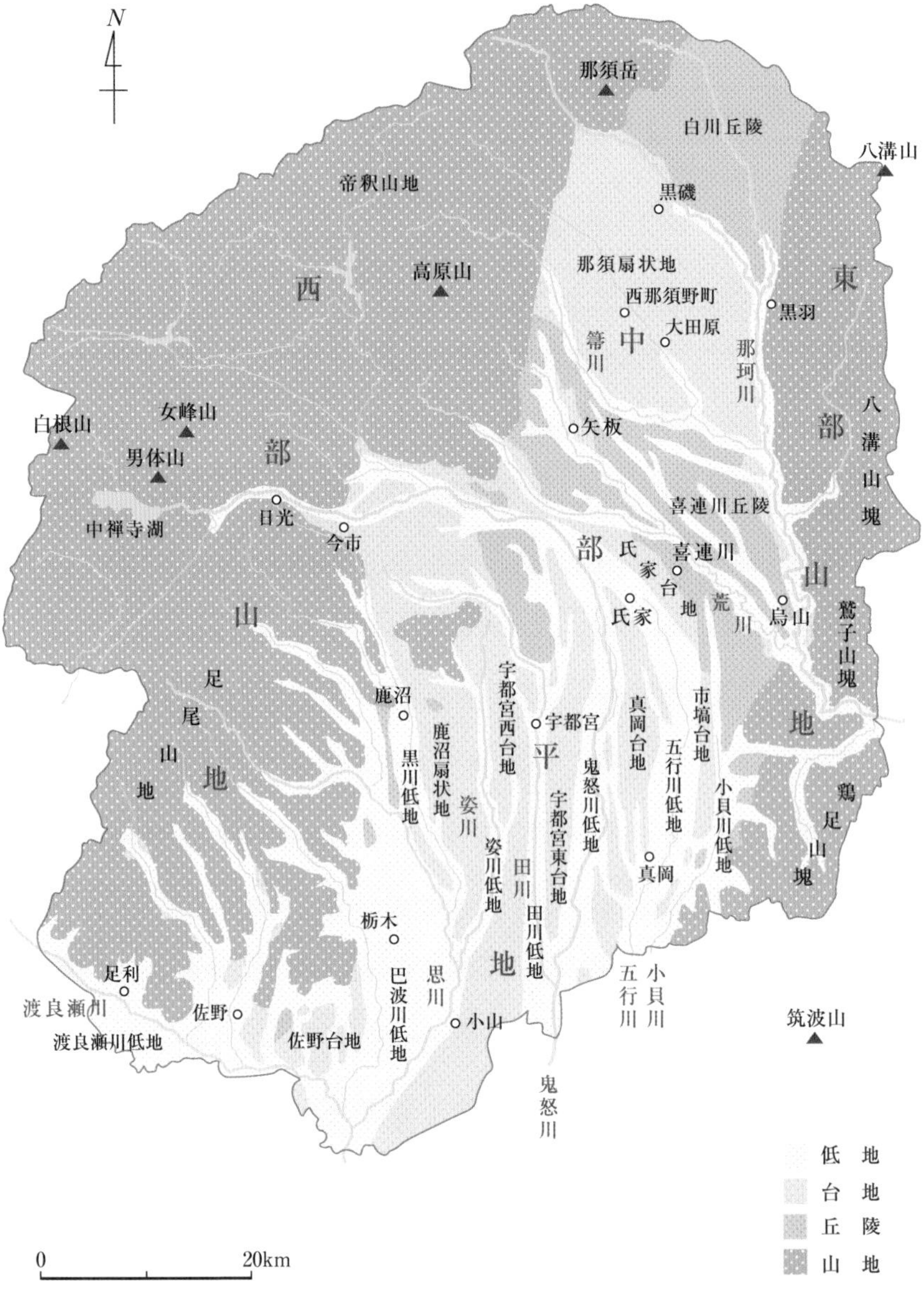
N
那須岳
白川丘陵
八溝山
帝釈山地
黒磯
那須扇状地
高原山
西
西那須野町
黒羽
東
中
大田原
箒川
那珂川
女峰山
白根山
矢板
部
八溝山塊
男体山
部
喜連川丘陵
中禅寺湖
日光
今市
部
氏家台地
喜連川
山
荒川
氏家
烏山
山
鷲子山塊
足尾山地
鹿沼
宇都宮西台地
宇都宮
真岡台地
市塙台地
地
平
鹿沼扇状地
黒川低地
姿川
鬼怒川低地
五行川低地
小貝川低地
鶏足山塊
宇都宮東台地
姿川低地
田川
真岡
地
栃木
田川低地
足利
巴波川低地
思川
五行川
小貝川
渡良瀬川
佐野
小山
筑波山
渡良瀬川低地
佐野台地
鬼怒川
低地
台地
丘陵
山地
0
20km

屏風のように連なる表日光連山。夏、上昇気流を生じ雷雲の発生を促す。宇都宮市篠井本山より

原山、那須岳など標高一〇〇〇～二〇〇〇メートル級の山々が連なり南東方向に斜面が開いている。夏季には太平洋上に高気圧が発生し、そこから日本列島に向けて湿った南風が吹く。その風が北関東の山々にぶつかり山の斜面を一気に駆け上りその勢いで上昇気流が発生し雷雲を生み出すのである。もう一つは内陸部に位置していることである。栃木県のような内陸部に位置する地域では、地面が夏の太陽の熱を受けて温まり空気も温まる。温まった空気は膨張し軽くなり上昇する。栃木県は、こうした二つの要因が、とりわけ夏季に集中するところからこの時期に雷が多くなるというわけである。

筆者は、真夏に何度か女峰山や男体山などの表日光連山に登ったことがある。午前中に晴天で南風が吹く時ほど山頂付近で激しい上昇気流が発生する。尾根を分けるように南側の日光側はガスで何も見えないのに対し反対側の栗山側は晴れてよく見える。

月別雷日数の平年値

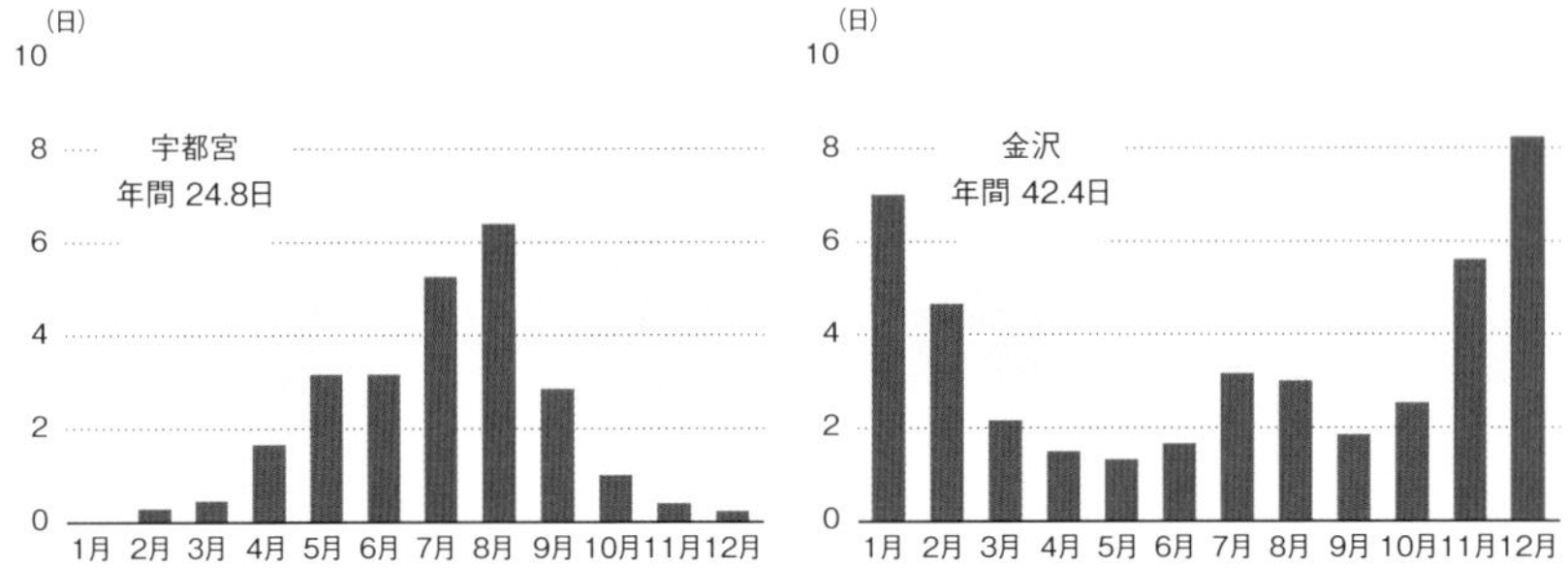

気象庁|雷の観測と統計(jma.go.jp)を元に作成

そしてそういう時には決まって日光側で雷がなり響くので注意を要する。

ところで全国的な雷の発生状況について紹介すると、前述したように多いのは日本海側、特に北陸地方である。それは冬季、シベリヤ大陸から吹いてくる北西の風が、本州の背骨のように南北に連なる山脈にぶつかり急激な上昇気流が生じるからである。つまり、日本海側では夏季だけでなくむしろ冬季に多く雷が発生するからである。参考までに宇都宮市と金沢市の月別雷日数の平年値は上記の棒グラフの通りである。

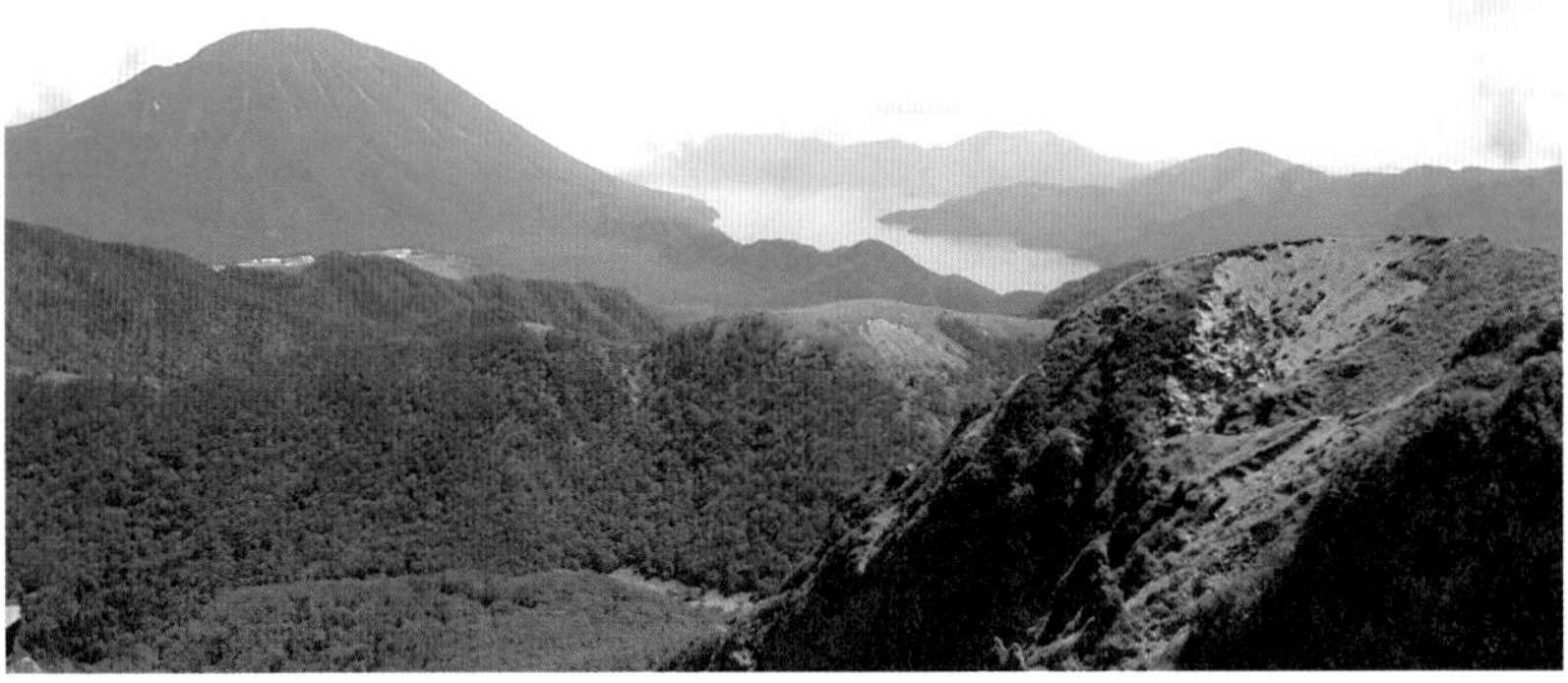

8月中旬、表日光側には雲がわき出している白根山山頂より

Ⅱ　雷を神として祀る

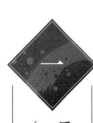

一　ライ神社の分布

～県央から県南西部に多いライ神社～

日本では雷には、雷神が宿るとする信仰がある。栃木県は、かみなり県の異名をとるだけあって雷を神として祀った神社が多い。表1は、下野民俗研究会員が行った聞取り調査、および民俗調査報告書や栃木県神社誌に掲載されているライ神社の平成の大合併以前の市町別一覧であり、図1はその分布図である。確認出来た総数は一九九社であり、一市町村あたり平均すると約四社である。そこで一市町村あたり神社数が平均値を上回る六社をライ神社の多い所として多い順から見ると、小山市一九社、宇都宮市一三社、鹿沼市一一社、足利市一〇社、田沼町八社、大平町七社、上三川町七社、石橋町七社、黒羽町七社、大田原市六社、芳賀町六社の順になる。それを分布図から見ると、ライ神社が多いのは小山市・足利市、田沼町・大平町が所在する県南地域が最も多く、次いで宇都宮市・鹿沼市・上三川町が所在する県央地域である。反対に少ないのは大田原市・黒羽町町を除く県北地域と、芳賀町を除く県南東部地域である。総じて平野部が多く、反対に足尾山地、帝釈山地、八溝山地などの山間部が少ない。（足尾町、藤原町は〇であり、塩原町一社、葛生町一社、栗山村二社）、また、平野部の場合でも鬼怒川の西側に多く、反対に東側が少ないといえる。

こうしたライ神社の分布について、山間地に分布が少ないのは、雷の発生場所ではあるけれど落雷は少ないのではないかということと、ライ神社を祀る人口そのものが少ないといったことが要因と考えられる。一方、平野部、なかでも鬼怒川の西側にライ神社が多いのは、落雷が多いこと、雷を神として祀りその雷神に何らかの願い事をしなければならない人々の暮らしがあったことなどがその要因として考えられるということである。

ところで、「ライ神社が多い地域は、その地域に落雷が多いことが要因として考えられる」と述べたが、その裏付けを得るために、気象台に最近の栃木県内における落雷箇所についての統計等を問い合わせた。しかし、残念ながらそうした統計はないとのことであった。そこで落雷による火災発生を参考に出来るのではと県内各消防署に問い合わせたが、返答が一様でなかったところからこれも断念した。返答をお寄せくださった消防署にはご協力に感謝申し上げる。したがってライ神社の分布の要因の一つとして掲げた落雷が多いことにたいしては、気象学的に裏付けすることは出来ず、あくまでも推察の域を出ないものである。しか

表1 雷神を祀る神社市町別一覧

現市町名	旧市町村名	雷電神社	雷神社	加茂神社	その他	計
那須町		1	2	1	-	4
大田原市	大田原市	1	3	2	-	6
	黒羽町	-	4	2	1	7
	湯津上村	-	-	1	-	2
那須塩原市	黒磯市	-	2	1	2	5
	西那須野町	1	1	1	-	3
	塩原町	1	-	-	-	1
那珂川町	馬頭町	-	2	-	2	4
	小川町	-	-	2	-	2
那須烏山市	烏山町	-	-	1	-	1
	南那須町	-	-	1	-	1
矢板市		-	2	1	-	3
塩谷町		-	1	4	-	5
さくら市	喜連川町	-	1	1	-	2
	氏家町	-	1	1	-	2
高根沢町		-	-	2	-	2
日光市	栗山村	2	-	-	-	2
	日光市	1	2	-	-	3
	今市市	4	2	-	-	6
	足尾町	-	-	-	-	0
	藤原町	-	-	-	-	0
鹿沼市	鹿沼市	11	-	-	-	11
	粟野町	4	-	-	-	4
宇都宮市	宇都宮市	10	3	-	-	13
	上河内村	1	-	-	-	1
	河内町	3	1	-	1	5

現市町名	旧市町村名	雷電神社	雷神社	加茂神社	その他	計
上三川町		6	1	-		7
下野市	国分寺町	2	-	-	-	2
	南河内町	3	-	-	-	3
	石橋町	7	-	-	-	7
壬生町		5	-	-	-	5
芳賀町		-	6	-	-	6
真岡市	真岡市	-	4	-	-	4
	二宮町	-	1	-	-	1
市貝町		-	1	-	-	1
茂木町		-	1	1	2	4
益子町		-	-	1	-	1
栃木市	西方村	2	-	-	-	2
	都賀町	2	-	-	-	2
	栃木市	3	-	-	-	3
	大平町	7	-	-	-	7
	岩舟町	1	-	-	-	1
	藤岡町	2	-	-	-	2
小山市		18	1	-		19
野木町		4	-	-	-	4
佐野市	葛生町	-	1	-	-	1
	田沼町	6	-	2	-	8
	佐野市	4	-	-	-	4
足利市		8	2	-	-	10
合　計		120	45	26	8	199

図1 雷神を祀る神社

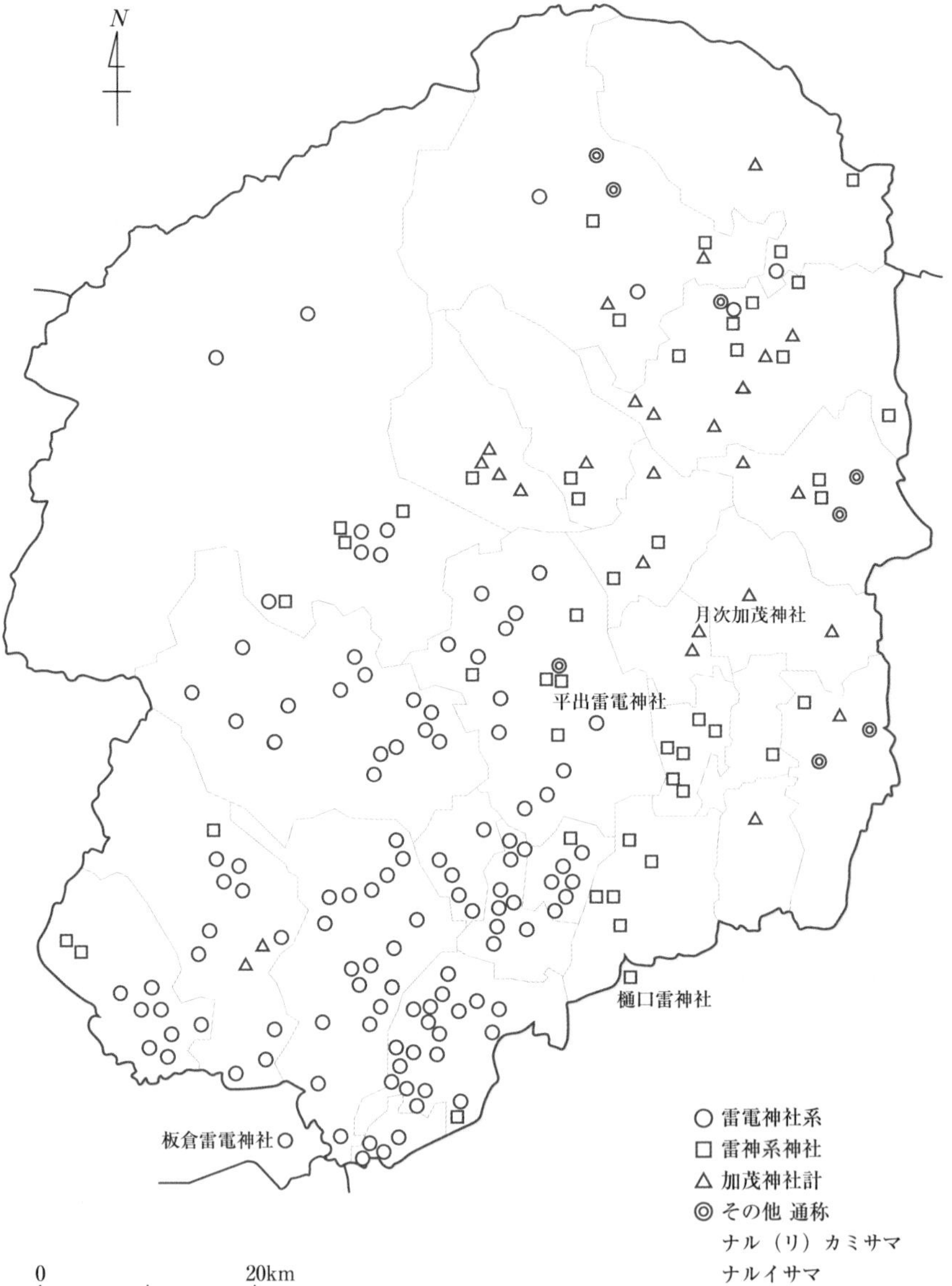
N
月次加茂神社
平出雷電神社
樋口雷神社
板倉雷電神社
○ 雷電神社系
□ 雷神系神社
△ 加茂神社計
◎ その他 通称
ナル（リ）カミサマ
ナルイサマ
0
20km

コラム

民俗と民俗学

本書の表題を『下野の雷さまをめぐる民俗』と「民俗」の語を用いた。民俗とは何か。簡単にいえば庶民が繰り返し、繰り返し伝えてきた暮らしぶりを民俗という。本書では雷にまつわる様々な言い伝えや信仰などによって形作られたその地域の人々の暮らしぶりについて述べたものであることから、「雷さまをめぐる民俗」と題したという次第である。

そうした民俗を知る手掛かりとなる一つ一つの言い伝えや技術などの伝承、あるいは一つ一つの道具を民俗資料といい、民俗資料を通してその民俗がどのようにして形成されたものか、その民俗の特色にはどのようなものがあるか、あるいは民俗の今日的意義、さらには将来どう暮らしの中に生かしていったらよいか等について調査・研究する学問を民俗学という。

なお、同じような言葉に民族および民族学というものがあるが民族とは、宗教や言語などを同じくする人々の文化をいい、民族文化を研究する学問を民族学（最近は文化人類学という言葉が使われている）という。

し、全然根拠がない訳でもない。それは落雷した田畑などにしめ縄を張ったり、落雷した木にしめ縄を張ったり、また、落雷を契機にライ神社を祭祀するといった風習などが県内各地に見られる。そうした風習は、ライ神社の祭祀と落雷との関係を示すものといえるからである。そこで、次に落雷にまつわる県内各地の風習について見たい。

二 落雷にまつわる風習・信仰

～落雷は雷神の降臨～

前項でライ神社の分布と落雷との関係を示す風習が県内各地で見られると述べたが、ここでは具体的にそうした風習について述べたい。

1 落雷した立ち木・落雷による火災・落雷箇所の処理について

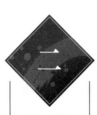

栃木県内には落雷に関して「落雷した木は使わない、切らない」、「落雷による火災は、水では消えない、下肥や小便でないと消えない」、「落雷箇所にしめ縄を張り、お札や幣束を立てる」等と落雷に関する様々な風習が伝えられている。こうした伝承や風習が伝わる理由には、その背景に落雷を単に放電現象とだけ捉えるのではなく、雷神の降臨と捉える考えがあってのことと思われる。

落雷にあった御神木、石橋町中大領雷電神社

例えば、「落雷した木は使わない、切らない」との伝承であるが、落雷した木は、何らかの損傷を受けているので建築材には確かに不適である。しかし、だからといって落雷した木は使わない、切らないと結論付けるのは早計すぎる。粟野町上永野山口や小山市乙女上では、「落雷した木にしめ縄を張る」との伝承が聞かれるが、しめ縄を張るという行為は、落雷した木には神様、つまり雷神が宿ったとの信仰があるからではなかろうか。ちなみに栃木県内では、落雷を「雷さまがさがった」とか丁寧に「おさがりになった」などと、尊敬の意を込めて言う場合が多い。雷

神が降臨されたことを意味するからこそ使われる言葉ともいえる。つまり、落雷した木は、もはや単なる木ではなく雷さまが宿った木ゆえにしめ縄が張られるのである。また、大田原市羽田中坪では「雷さまが下がった木はもったいないから使わない」との伝承があるが、ここでいうもったいないとは神様が宿っているからもったいないのである。そうして見ると、先の使わない、切らないといった伝承は、落雷により木が損傷したからではなく、むしろ雷神が宿った木だから使わないと考えるべきである。

次に、落雷による火災は、水では消えない、下肥だと消える、馬の小便で消すとの伝承について考えたい。こうした異常ともいえる言い伝えは、背景に落雷による火災は通常の火災とは異なったもの、つまり落雷による火災は、雷神が降臨したことによって生じた火災とする考えがあったからと思われる。したがって雷神の霊力によって生じた火災故に、普通の方法では消火出来ないとされたのである。

一方、落雷か所にしめ縄を張り、お札や幣束を立てる伝承について考えたい。鹿沼市下粕尾では「被害が広がらないように」、同市上石川では「周りに黒いあとが移るのを防ぐため」にしめ縄を張るとしているが、前に述べた立ち木等への落雷にまつわる風習からすれば、被害を防ぐためとか、周りに黒いあとが移るのを防ぐといった伝承は短絡的といわざるを得ず、雷神が降臨したからこそ、しめ

雷神像（日光山輪王寺蔵）

コラム

雷神の姿と鬼

雷神の姿といえば俵屋宗達の風神雷神図屏風が代表例であり、近くでは日光山輪王寺大猷院《たいゆういん》「二天門」の雷神・風神像がある。ともに雷神は鬼の姿で牛の角を持ち虎の皮のフンドシを締め、背に背負った太鼓を打ち鳴らす姿となっている。この姿は、一説には鬼門が丑寅《うしとら》の方向であることから連想されたものといわれる。

ところで、雷神と鬼に共通するものがある。雷神の性格については本書で述べている通り大音響とともに落雷し、雹や突風をもたらすことから恐ろしいものとされる反面、干天に慈雨というように恵みをもたらす神とされる。一方、鬼も人に危害を加える恐ろしいものとされるが、秋田県男鹿半島のナマハゲに代表されるように正月にやって来る恵みをもたらす神様ともされる。日本人はこのように雷神と鬼とを性格づけて来た。この性格付けが雷神と鬼を同じような姿で捉えるようになったのではなかろうか。

落雷か所の処理一覧

落雷か所	注連を張る	お札や幣束を立てる	供物		神主に拝んでもらう	その他
			米	酒		
田　畑	12	2	-	4	5	-
不　明	29	3	1	17	9	3
屋　敷	-	1	-	-	1	-
家の近く	1	-	-	-	-	-
神　社	-	-	-	-	1	-
木	2	1	1	-	-	-
合　計	44	7	2	21	16	3

縄を張り、幣束を立てるものと考えられよう。というのも降臨した雷神を祀るのは、まず、何よりも落雷による災いが無いことを祈る雷除け信仰が基本にあるが、一方では、夏季の雷は適度な雨を伴い作物の成長を促すところから雷神を作神とする信仰があり、そうしたことも降臨した雷神を祀る要因ともなる。ちなみに鹿沼市油田での「田に落雷があった際は、天の神様がおりて来たのだからしめ縄を張れ」との伝承は、まさに落雷は雷神の降臨であることを言い当てていよう。なお、矢板市上大槻等のように、神主に依頼し拝んでもらうという所があるが、これも単に被害が広がらないようお祓いをしていただくというよりも、むしろ降臨された雷神を迎える神祭りと捉えられる。酒や米等を供えるのは、まさに神祭りであるからこそ取られ行為と考えられる。

【事例】落雷した立ち木について

◎雷の落ちた木は使わない・建築材には使わない・燃やすものではない……那須町宇田島　矢板市片岡　黒磯市箭坪《やつぼ》　大田原市北金丸、大田原市上石上　大田原市福原、塩原町、矢板市上大槻、黒磯市百村、南那須町大字月次《つきなみ》　茂木町、大平町西山田池上

◎雷が落ちた木は切らない……馬頭町大山田上郷　那須町伊王野

◎**ライサマが下がった木は、もったいないから使わない**……大田原市羽田中坪

◎**落雷した木にしめ縄をはる**……粟野町上永野山口　小山市乙女上

【事例二】　落雷による火災の消火について

◎**火雷は、水では消えない**……矢板市片岡　黒磯市箭坪　大田原市羽田

◎**落雷による火災は、下肥だと消える**……那須町宇田島　塩谷町川村　大田原市羽田　大田原市北金丸　湯津上村狭原

◎**落雷による火災は、馬の小便で消す**……黒磯市箭坪　大田原市上石上　大田原市福原　黒磯市百村《もむら》

【事例三】　落雷か所の処理について

◎**矢板市上大槻**　田に落雷があった時は、しめ縄を張り、神主に依頼し拝んでもらう。

◎**粟野町下粕尾**　落雷か所へは被害が広がらないようにとしめ縄を張り、中に御幣を立て、お神酒を注ぐ。

◎**鹿沼市上石川**　落雷か所にしめ縄を張り、神主を依頼し拝んでもらう。しめ縄を張るのは、周りに黒いあとが移るのを防ぐためという。

◎**鹿沼市油田**　田に落雷があった際は、天の神様がおりて来たのだからしめ縄

を張れといった。

◎**宇都宮市細谷町**　田に落ちた場合は、しめ縄を四角に張る。他の山林などの場合は何もしない。

◎**益子町七井**　落雷か所に幣束を青竹にさして清める。

◎**小山市白鳥**　田に雷が落ちた時はハッチョウ（しめ縄）をはり、酒をあげ清める。

2 落雷をきっかけとしたライ神社の祭祀

前節では落雷した立ち木、落雷による火災の消火、落雷か所の処理などの風習から、落雷は「雷神の降臨」と述べた。とすれば落雷を機に、落雷箇所にライ神社を祭祀することもあり得る。そこで一九九社のライ神社の祭祀由来を調べてみると、わずか九社ではあるが落雷を機に雷神社を祭祀した事例を確認することができた。ここでは県内各地の「落雷にまつわる風習」について述べてきたが、こうしてみるとライ神社の祭祀には、少なからず落雷が関わっていることが知り得よう。なお、この調査では、ライ神社の祭祀由来を問う項目を設けていなかった。もし、ライ神社の祭祀由来を問う項目を設けていたならば、もっと多くの事例が確認されたのではないかと思う。

【事例】　落雷を機にライ神社を祀ったとの由来伝承を持つ神社

◎**黒羽町北野上　加茂神社**　北野上字御地のある家に落雷があり家が燃えた。その後、落雷がないようにと、この地の六軒が集落内の一番高い山の頂上に加茂神社を祀った。

◎**矢板市上大槻　雷神社**　個人所有地の崖の中腹にある大木に落雷があり七日七晩燃え続けたことから、崖下に雷神様を祀ったという。なお、雷神社を祀った所の地名を雷神崖下という。

◎**矢板市下大槻　雷神社**　今から一七〇〜一八〇年前に、個人宅の屋敷神裏の大杉に落雷があり損傷した。その後その家で落雷除けに雷神社を祀った。

◎**石橋町箕輪　雷電神社**　昔、鎮守社の御神木に落雷して割れてしまった。それから大火事になったので雷電様を祭った。

◎**石橋町橋本字雷　雷電神社**　個人で祭っている　二〇〇〜三〇〇年前に水田の中に落雷があったので祀った。

◎**上三川町上郷　雷電神社**　寛平年間（八八九〜八九八）に大雷雨・落雷が有り火災を生じた。時の使者三位中将重末子太夫大膳この村を雷土と称号し大雷神を奉祀、郷土の守護神として鎮座。

◎**都賀町合戦場　雷電社**　昔、個人宅の娘が畑仕事をしていたら雷がなりだし大木の下で雨宿りしたが、そこに落雷して娘が死んだ、その供養に雷電様をお祭りした。

◎**真岡市西郷　雷神社**　ある時百姓が雷光寺の畑を耕していたとき、百姓が持つ鍬の先に落雷があった。それを機に雷神をまつったという。

◎**益子町山本　雷神社**　明治二九年四月三〇日（旧暦）に落雷があり、また落雷に伴って降雹があり、山林田畑に大きな損害を被ったのでそれを機に雷神社を祀るようになった。

三　ライ神社の名前

～県南部地域に多い雷電神社、県北東部地域に多い加茂神社～

ライ神社の地域別分布については、前に述べたが、次にライ神社の神社名およびその分布について述べよう。神社名が多いのは、雷電神社、雷神社、加茂神社に集中し、雷電神社が一二〇社で最も多く、次いで雷神社（呼び名はライジンジャが多いが、イカヅチ、イカヅキと称するものもある）が四五社、加茂神社が二六社と続く。以上の三社が全体の約九五パーセントを占め、その他（鳴る神様等）が八社である。

神社数の多い雷電、雷神、加茂の三社名について見ると、雷神社は栃木県内にくまなく分布するが、雷電神社はおもに宇都宮あたりから南の県南地域に、一方、加茂神社は県北東地域に多いという両社の分布の偏りが見られる。ここでは雷電神社と加茂神についてその分布について詳しく述べたい。

群馬県板倉雷電神社
参道両側には名物のナマズ料理店が並ぶ

1 雷電神社

雷電神社が集中的に分布する県南地域は、群馬県板倉の雷電神社の信仰が篤い地域である。板倉の雷電神社は、古くからこの地方の為政者の信仰が篤かったが、江戸時代当地を治めていた館林藩の藩主であり後に徳川幕府の第五代将軍となった徳川綱吉の信仰を受けるにおよんで次第に繁栄するようになった。

石橋町川西雷電神社
板倉雷電神社より受けてきたお札が納めてある

ところで板倉の雷電神社は、群馬県の最も東にあり栃木、茨城、埼玉各県に隣接する所でもある。そうしたことから板倉の雷電神社の信仰は、群馬県はもとより栃木県、茨城県、埼玉県など広範な地域におよんでいる。なかでも栃木県南西部地域は、板倉の雷電神社の信仰がとりわけ篤い地域である。こうして見ると県南西部地域に雷電神社が多いのは、板倉の雷電神社の影響と考えられる。例えばライ神社を祀る際に、雷電神社としたのは、板倉の雷電神社のご利益にあやかって同じ名称をつけたものと思われ、また、板倉の雷電神社の霊験あらたかさからその神霊そのものを勧請したことによるものとも思われる。ちなみに県南西部地域には、次の事例の通り板倉の雷電神社の神霊を勧請したとする雷電神社がある。

【事例】　板倉の雷電神社の神霊を勧請した由来を持つ神社（註）

◎粟野町粕尾の布施谷中組の雷電神社　今から一〇〇年くらい前に勧請したという。

◎藤岡町大前の小池集落の雷電神社　板倉の子どもとの伝承がある。

◎小山市下国府塚の個人祭祀の雷電神社　その家の先祖が板倉から勧請したという。

◎小山市乙女上　雷電神社　板倉のわかれという。

註　今回の調査では、各ライ神社の由来を詳しく調べなかったが、詳しく調べれば板倉の雷電神社の神霊を勧請したとの由来を持つ神社は事例数以上に多いと思われる。

◎宇都宮市細谷の雷電神社　江戸時代寛文年間（一六六一〜一六七三）に群馬県板倉町細谷の住民が移住・開拓して出来た新田集落であり、村の守り神として長良神社と雷電神社とを祀っている。長良《ながら》神社は、もともと親村の鎮守社であり、雷電神社は親村の人々が信仰していた神社であり、移住の際に親村から新しい土地の守り神として、それぞれの神社の神様を分け与えられた。

◎日光市芦沼新田字杉之根坂の雷電神社　夏季雷が多く、落雷等の被害を度々受けた。そのために群馬県板倉より雷電神社を勧請。社殿の脇に石祠が二基祭られる。一基には「明治十五年新調」の文字。もう一基には、「大字芦沼新田木之根坂一同　昭和五年旧十月吉日　発起人三名　年行事四名の名」の文字。

2 加茂神社

加茂神社と名乗るのは二六社であり、那須郡、大田原市、塩谷郡、矢板市などの県北東部地域に集中しその偏在ぶりが著しい。県北東部地域には、山城国の賀茂神社の神霊を勧請したといわれる神社が三社ある。一つは南那須町月次《つきなみ》の加茂神社（以下、「月次の加茂神社」）であり、他は黒羽町余瀬の加茂神社と大田原市親園の加茂神社（註1）であり、いずれも神社に伝わる言い伝えでは古代に創建されたと

註1

・黒羽町余瀬　加茂神社
延喜一三年旱魃のために、粟野行麿が山城国加茂神社に参詣、加茂神社を余瀬に勧請したところ雨が降った。

・大田原市親園　通称南区
加茂神社　言い伝えによると三浦介源義澄が九尾の狐退治した際、守護神として京都の加茂神社の神霊を西那須野町二つ室の成神山に勧請したものをさらに親園の地に江戸時代に分霊勧請したといわれる。

いわれる神社である。おそらく那須地方では、古くから山城国の賀茂神社(註2)を信仰する風潮があり、その結果賀茂神社（栃木県では加茂神社と標記している神社が多い）の神霊が勧請されるようになったと考えられる。その上雷神信仰にとりわけ霊験あらたかとされる月次の加茂神社の信仰が影響した結果と思われる。

　月次の加茂神社は、社伝によれば和銅年間（七〇八～七一四）に山城国鎮座の賀茂《かも》別雷《わけいかづち》神社《じんじゃ》の神霊を勧請したものといい、祭神として別雷《わけいかづち》神《のみこと》を祀る。江戸時代には烏山藩主大久保家永代の崇敬を集めたといわれ、古くから近郷近在の人々から霊験あらたかとして信仰されてきた。創建の古さ、信仰の篤さを裏付けるように、第二次世界大戦前、栃木県内における雷さまを祀る神社では、唯一の郷社として格付けされた。こうしたことから県北地域の加茂神社の中には月次の賀茂神社の神霊を勧請したとか、あるいは勧請したと思われる神社など何等かの影響を受けた神社がある。

【事例】　月次の加茂神社の神霊を勧請したとの由来を持つ神社

◎高根沢町桑窪の加茂神社

　月次の加茂神社の分霊を祀る。月次の加茂神社の姉様なので梵天の奉納が荒れるのだという。桑窪の加茂神社の祭礼は、毎年三月第二日曜日に行わ

註2　賀茂神社とは、京都市にある賀茂別雷神社（上賀茂神社）と賀茂御祖神社（下鴨神社）の二つの神社の総称である。賀茂別雷神社のご祭神は賀茂別雷大神であり、賀茂御祖神社のご祭神は、賀茂別雷大神の両親の玉依姫命と賀茂建角身命である。この賀茂神社から勧請を受けた神社は、「加茂神社」、「賀茂神社」、「鴨神社」などと称している。なお、栃木県内にある加茂神社の中でご祭神を賀茂別雷大神とする神社は、ご祭神名からすれば賀茂別雷神社から勧請を受けたものと思われる。

月次の加茂神社祭礼

れ、この時に月次の加茂神社同様に梵天が奉納される。この奉納の際、梵天の先を拝殿の扉めがけて激しく打ち付ける風習がある。

◎高根沢町伏久の加茂神社

通称ナルカミサマ　伏久《ふすく》の東峰の山中に鳴神様を祀る。梵天を奉納していたが、ある時その行事をやめたら嵐にあって被害を受けた。村人は風祭《かざまつ》りや天祭《てんさい》を行って災難除けの祈願をしたところ、山中の鳴神様のほうから材木を叩くような音がした。月次の加茂神社の神主がこのことを聞きつけていうには、雷神の社殿を建てて祀るようにとの鳴神様のお告げであるという。そこで村人は月次の加茂神社から神霊を迎えて祀ったという。

雨にもかかわらず参拝者で賑わう

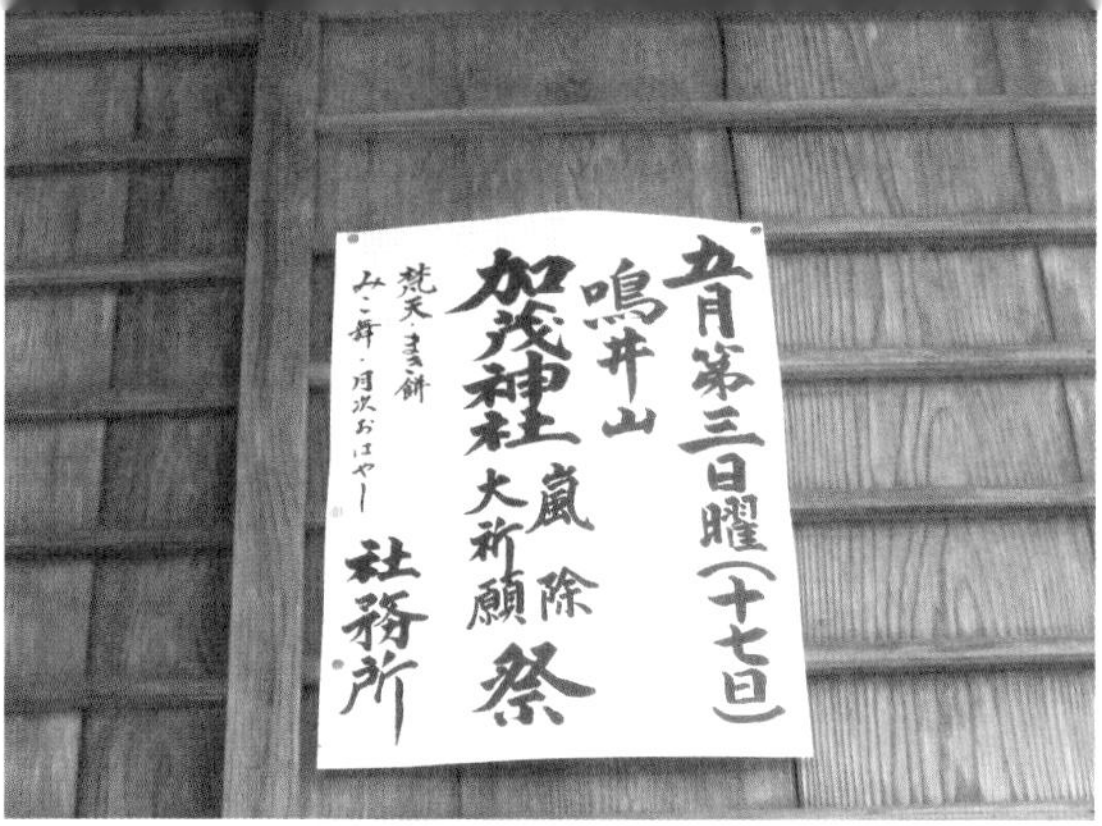

鳴井山の表示

四 敬称や通称で呼ばれるライ神社
～ライデンサマとナルイサン～

ライ神社の中には、何々神社の代わりに何々サマ、あるいはナルイサンとかナルカミサマと通称で呼ばれる神社が多い。何々サマと呼ばれることが多いのは雷電神社で、中でも板倉の雷電神社の場合は、板倉住民のみならず板倉の雷電神社信仰地域の信者からもライデンサマと呼ばれている。霊験あらたかな神社として信仰されるあまりに「様」と敬称をつけて呼ばれるようになったものと思われる。

ナルイサンと呼ぶのは、県北東部地域の加茂神社の場合で、ナルイサンとはもともと月次の加茂神社をさしたものである。ナルイとは加茂神社の参道脇の崖の所に湧き出す泉をいったもので、「干ばつにも涸れることなく、井水《せいすい》が鳴りながら湧き出していたことから」鳴井と呼ばれるようになったという。この泉については、日照りの際に近郷近在の農民が「お水借り」と称してこの泉の水を持ち帰り用水に流して呼び水とすると雨に恵まれるという雨乞い信仰がある。こうしたことから鳴井は、月次の加茂神社信仰の中核をなし重要な霊泉としてあがめられ

月次の加茂神社
参道脇の霊泉・鳴井の由来

てきた。

　ところで月次の加茂神社では、神社の別名をこの鳴井から鳴井山と表記している。鳴井のある山の意と解釈できるが、一方、サンの呼称には親しみを込めて呼ぶ場合に用いられる。信者たちがナルイサンと呼ぶのは、鳴井山ではなく鳴井さんであり、加茂神社に対し親しみを込めて呼ぶ意味ではなかったろうか。ともあれ県北地域に所在する通称ナルイサンと称する神社は、月次の加茂神社にあやかったものと思われる。

　ナルカミサマ、あるいはナリカミサマとは、鳴る神様、鳴り神様（一説には成る神様、成り神様ともいう）のことである。落雷の折に稲光《いなびかり》（稲妻、雷光とも）とともに、肝をつぶす程の大雷鳴を伴うことがあることからそう呼ばれるようになったものと思われる。

　このように雷神を祀る神社の場合、雷電サマと敬称をつけて呼ばれる神社やナルイサン、ナルカミサマといった通称で呼ばれる神社がある。雷神が畏怖の対象よりも畏敬の念の方が強く持たれ親しみを込めて呼ばれたからに他ならず、また、雷神を祀る神社の場合、鎮守社とは異なり、小集落で祭祀されている場合が多く、それだけ身近な神社であることから通称で呼ばれるようになったのであろう。これもライ神社の特色といえよう。

「郷社」の文字が残る月次の加茂神社標柱

五　ライ神社の格付け

～格付けが低いライ神社～

かつて神社に格付けというのがあった。神社の格付け、略して社格とは、明治政府が神道の国教化を図るために神仏判然令（神仏分離令）に次いで、古代の社格制度に倣《なら》って行ったものである。明治政府が行った社格制度では、神社は官社と民社（諸社ともいう）に分けられ、神祇《じんぎ》官の管轄である官社はさらに官幣、国幣、別格官幣社に分類され、地方官の管轄である民社はさらに府・藩・県社と郷社、村社、無格社に分類された。格付けの基準になったものには、創建の古さ、祭神の位、社殿の規模、信者（氏子）の数などがある。官社の方が民社よりも社格が高いとされ、民社の中でも県社が高く、次いで郷社、村社となり無格社は一番低いとされた。社格の高い神社は、それだけ創建の歴史が古く、霊験あらたかで多くの人々の信仰を集める、いわゆる立派な神社であり、一方、社格の低い神社は、創建が新しく、信者数が少ない小集落で祭祀された神社である。

明治政府が行った社格制度は、第二次世界大戦後廃止された。ところが昭和三

宇都宮市上横倉雷電神社
無格社山中に祀られた小石祠

八年（一九六三）に刊行された『栃木県神社誌』には、かつての格付けが「旧」として記載されている。今回の調査等では、一九九社のライ神社を確認することが出来たが、その内、栃木県神社誌に掲載されている神社が九二社ある。この中で最高の格付けを得ていたのは那須烏山市月次の加茂神社で旧郷社である。旧村社は宇都宮市細谷町の雷電神社、同市平出町の雷電神社、足利市本城の雷電神社、栃木市西野田の雷電神社、佐野市山越の加茂別雷神社、同市多田の雷電神社、大田原市余瀬の加茂神社、矢板市片岡の加茂神社、那須塩原市越堀の加茂神社、同市西那須野の雷神社、さくら市上河戸の加茂神社、下野市中大領の雷電神社、野木町野木の雷電神社、塩谷町道下の加茂神社の一四社であり、あとの七七社は旧無格社である。つまりライ神社は、総じて格付けが低いといえる。

それではどうしてライ神社は、総じて格付けが低かったのであろうか。前にも述べたように神社の格付の基準には、創建の古さ、祭神の位、信者（氏子）の数などがあったと述べたが、祭神の位は別として、創建の古さ、信者の数が低く見られたものと思われる。中でも一番低く見られたのは、信者の数であったようだ。ライ神社の中には、個人宅で祀った神社があり、それがやがて集落の神社になったというのもある。いずれにせよライ神社には、クミ（組）とかツボ（坪）、コーチ（耕地）などと呼ばれる戸数が二〇戸内外の小集落で祀られている神社が

註　たとえば、国分寺町大字小金井字仲町の金井神社は、大正時代に一六社を合祀している。そのひとつに雷電神社がある。

小山市南和泉大雷神の祠　無格社
神明宮の境内社として合祠　中央大雷神

約六〇社ある。大字で祀る神社も約六〇社あるが、信者のほとんどは大字内の氏子である。大字を越えた広い範囲からご利益《りやく》を求めに参詣者がやって来るライ神社は、栃木県内では南那須町月次の加茂神社、宇都宮市平出の雷電神社、田沼町山越の加茂別雷神社などが知られるくらいである。このようにほとんどの神社は、狭い地域の人々にのみ信仰されている。また、無格社のライ神社の場合、月次の加茂神社や平出の雷電神社、田沼町山越の加茂別雷神社のようにそれ自体が独自に祀られる神社は少なく、鎮守社などの境内に祀られている場合が多い。

ところで大字の鎮守社などの境内に祀られているライ神社の場合、その多くが明治政府の神社合祀令により他にあったものが現在の鎮守社などに合祀(註)されたものである。したがって、現在は大字で祀られているといってももとは小集落で祀られていたものであり、社殿も小さな祠といったものが少なくない。また、創建の由来についても不明なライ神社が多い。創建については、落雷を機にとか落雷が多かったので神社を祀ったとの創建の由来伝承などを持つライ神社があるように、多くは江戸時代以降に創建されたものと思われる。このようにライ神社の多くは、小集落で祀られているものが多く、また、創建の歴史が新しいことなどが、ライ神社の格式が総じて低く位置付けられたものと思われる。

なお、ライ神社の場合は、鎮守社のように村内家内安全、五穀豊穣・風順調など総花的な信仰を持つのに対し、落雷・降雹や突風除け、雨乞いなど特有な信仰を持ち、その土地の農業の在り方と密接に関わってきた。ライ神社は、神社の格付こそ低いものが多かったが、人々にとっては身近な問題を解決してくれる大事な神社であったのである。

六 ライ神社の祭り

1 祭りの時期 ～春に多いライ神社の祭り～

この調査が行われた時は昭和五〇年前後であり、日本が高度経済成長期にあった時代である。人々の暮らしについてみると昔からの伝統的な暮らしが息づいている一方、いろいろな面で人力・畜力から機械力へと移行していった時代であり、暦も普段の暮らしの中ではすっかり新暦が定着し、祭りなどが旧暦から新暦への移行期にあるといった時代でもある。ライ神社の祭りのあり様も、まさにこの移行期にあり、旧暦、新暦が混在している。ここで述べるのは、昭和五〇年頃を中心に、遡っても昭和初期の頃のことである。昭和五〇年頃は、まだ祭りを旧暦で実施していた神社もあるが、ここでは新暦に統一して述べる。なお、新暦と旧暦とは約一か月のずれがあり、新暦の一月は旧暦ではまだ前年の一二月である。

祭りの時期の調査ができた神社は全部で七八社であり、そのうち春（二月〜五月）にのみ祭りを実施するという神社が四七社、春と秋に実施しているのが一六社、夏（六月〜八月）に実施するのが一二社、秋（九月〜十一月）にのみ実施が三社である。こうしてみると春と秋、なかでも春に祭りが集中するのは、ライ神社の特徴といえよう。なお、県南地域には、旧暦四月一日あるいは新暦五月一日に祭りを実施する所が多いが、群馬県板倉の雷電神社の祭り日に合わせたもので、この日に板倉の雷電神社へ参拝する所もある。

一般にわが国の神社、特に鎮守社の場合、農耕と深い関わりを持つ神社が多く、祭りが農耕の始まる春と収穫の時期の秋に集中する。ところがライ神社の場合は、落雷除け、落雷に伴う降雹や突風除け（降雹と突風を併せて栃木県下では雹嵐《ひょうらん》——氷嵐と書く場合もある——と呼んでいる。以下、雹嵐と表記）を願う一方、日照りに程よい雨を願う信仰が強い。例えば麦や麻、ユウガオ（ユウガオの果肉を紐状に剥いて干したものをカンピョウという）、葉タバコなどを栽培する畑作地帯、および日照りの害を受けやすい水田稲作地帯が雷神信仰の篤い地域である。そうしたことから雷神を祀る神社では、農耕の始まりを前にこれからやってくる落雷や落雷に伴う雹嵐などを除ける願い、あるいは程よい雨に恵まれるようにとの願いが強い。その結果、これらの願いを雷神に聞いていただき、願いをかなえていただきたく春に祭りが集中するのである。

雷電神社の祠の周囲をオセンドする
宇都宮市上砥上

2 祭りの内容 ～オセンド参り・梵天の奉納・オヒマチ～

一般的にいって祭りは、まず幟や旗を立て、しめ縄を張るなどをして神様の依りつく所を設け、次いでお神酒、重ね餅、米、お頭付きの魚、野菜・果物などの供物を捧げ、氏子たちがそろって拝礼し願い事をして神事は終わりとなる。小集落の神社の場合は、これで終わりとなる。一方、大字の鎮守社やそれに準ずる神社の場合は、神主を依頼して行う場合が多く、お祓い、祝詞奏上、榊の奉奠《ほうてん》などの儀式が加わり、神事の後に相撲をとったり、太々神楽やお囃子などの奉納がある。

なお、個人宅や小集落、大字の鎮守社を問わず、当番が準備した甘酒や赤飯、煮しめなどが参拝者に振舞われ、儀式終了後に当番宿で酒、煮しめの飲食を伴う場合が多い。また、氏子に五穀豊穣・村内安全などのお札が配られ、氏子はそれを家の神棚に供えたりする風習が見られる。ところが、ライ神社の場合は、小集

尾出山頂上に奉納された梵天の残骸
栗野町上永野

月次の加茂神社祭礼
梵天を揺らし地面に叩きつけ参道を行く

落で祀られる神社が多く、祭礼も他の小規模神社同様に質素な場合が多いのが大きな特徴といえる。また、雷神の力強さに倣ってか神事終了後に相撲を行う神社が多いが、一方、月次の加茂神社や小山市塚崎の雷神社のように「ここの雷神様は、相撲が嫌いだ」といわれ相撲をしない所もある。これらの他に、祭礼時に社殿の回りをセンドウ　マンドウなどと言いながら周回する風習、ボンテン（梵天・なまってボンデンともいう）をご神木に縛りつけ奉納する風習、ヒマチとかベッカと称する飲食の風習、地元のライ神社の祭礼後にさらに雹嵐除けや雨乞いなどに霊験あらたかな神社への参拝がなされるなど、ライ神社ならではの風習が見られる。

社殿の回りをセンドウ　マンドウなどと言いながら周回するのは、ライ神社への強い願いを表すもので、センドウは千度、マンドウは万度であり数多くのという意味である。神事の後に社殿の回りを周回する場合もあれば、梵天を縛りつけたご神木の回りを周回する場合がある。

梵天を上げる風習については二通りのタイプがある。一つは、氏子たちが、参道を根付きの孟宗竹を二本つなぎ合わせ、先端に房状に紙片や檜の削片を取り付けた梵天を担いで神社へ向かい、最後に境内のご神木に縛りつけて奉納し、その後、持参してきた餅を参拝者めがけて撒くタイプである。もう一つは、根無しの真竹の先に房状に紙片や幣束を取り付けた梵天を、ライ神社などが祀られている

鞍掛神社へ梵天を担ぎ上げる
宇都宮市新里

梵天を社殿に打ちつける
桑窪加茂神社梵天

山の頂上に担ぎ上げ、ご神木に縛りつけ、その後、ご神木の回りを「センドウマンドウ」などといいながら周回するタイプのものである。

前者の場合、ライ神社の中では南那須町月次の加茂神社や高根沢町桑窪の加茂神社、喜連川町上河戸竹宮の加茂神社などが知られる。月次の加茂神社の場合、地元ばかりでなく、加茂神社の神霊を分霊した高根沢町桑窪の加茂神社の氏子をはじめ近郷・近在から一〇数本の梵天が奉納される。地方道から加茂神社へ行く道の入口に鳥居があるが、ここから奉納者は梵天の主柱に縛りつけた綱を持ち梵天を上下に激しく揺さぶり、地面に叩きつけながら参道を行く。この勇壮な姿が月次の加茂神社の祭礼の見所ともなっている。奉納がすむと持参してきた餅を参拝者に蒔く。参拝者にとってはこの餅拾いが楽しみの一つでもある。

高根沢町桑窪の加茂神社の場合であるが、桑窪は上坪（和田坪とも）、中坪（宿坪）、下坪（新田坪）、西坪の四集落からなり、それぞれ一本ずつ梵天を作り加茂神社へ奉納する。梵天の奉納は上坪から開始されるが、各坪の若衆は参道の石段を梵天を担いで駆け上り、そのまま拝殿に勢いよく梵天を突き込む。桑窪の加茂神社の神様は、「月次の加茂神社の姉様だ」といわれるように女性とされ、突き込みの所作は女性を表した拝殿に男性を表した梵天を突き込むことによって男女の交わりを表したものだという。梵天の突き込みが終わると、参拝者は梵天から落ちた紙片を競って拾う。これを家の戸口に貼ると雷除けになるという。

　後者の山の頂上に担ぎ上げるタイプは、宇都宮市下小池、鹿沼市板荷、および足尾山間地からその山麓地帯にかけて見られる。宇都宮市下小池や鹿沼市板荷の場合は、真竹の先に房状に紙片や檜の削片を結びつけたもので形状が前者のタイプの梵天と似ている。足尾山間地の場合は、真竹の先に幣束を取り付けた藁束を突き刺したもので、長さも三メートル内外のものが多い。いずれも奉納場所は、集落内の山の頂上に祀られる神社であり、その傍らのご神木に縛りつける。こうしたことから担ぎ上げるのに容易な梵天の形状になったものと思われる。

　いずれも梵天の奉納が終わると持参したお神酒や赤飯、煮しめなどを祠に供え拝礼、さらにご神木の回りを参拝者一同が「センドー　マンドー」といいながら周回、それが終わるとその近くで持参した赤飯、煮しめなどを肴にお神酒を酌み交わす。足尾山間地や山麓地帯では、こうした梵天を山頂に奉納する祭りをテンサイ（天祭）と称している所が多い。(註1)なお、壬生町福和田をはじめ壬生町や石橋町、上三川町などでは、梵天ではなく旗（テンパタともいう）をご神木に縛りつけ奉納する場合もある。意味合いは梵天と同じである。

　ところでこの場合の梵天とは、目立つという意味のホデから来たものといわれ、祭りにあたって神様を招く目印である。したがって、梵天を奉納するのは、ライ神

註1　足尾山間地では、ライ神社の有無にかかわらず集落ごとにテンサイ（天祭）が行われた。天祭のやり方は、ここで述べたとものと同様である。天祭は天の神様の祭りであり、天に近い山の頂上で行う。足尾山間地では、麻の栽培が盛んであり、春先に天祭を実施し、麻の生育にとって最大の被害をもたらす雹嵐が無いことを祈ったものである。

祭礼後のオヒマチ。氏家町新田なり神様

註2　物忌みとは公事、神事などにあたって、一定期間飲食や行動を慎み、不浄を避けること。

社ばかりでなく一般の神社にも見られ、宇都宮市今里の羽黒山神社、同市鶴田の羽黒山神社、那須塩原市宇都野の嶽山箒《たけやまほうき》根《ね》神社《じんじゃ》の祭りは、梵天祭りとして知られる。ヒマチ（日待ち）とかベッカ（別火）と称しての飲食を伴う祭りは、県北地域よりも小山市や野木町、栃木市などの県南地域に多く見られる。祭り後に直会《なおらい》などと称して飲食を伴う事例は、ライ神社のみならず一般の神社でも広く行われているが、特に「今日は日待ちとか別火だ」とそれらを強調して言う場合は、祭りの神事よりも飲食が主体となっている場合が多い。そうしたことから日待ちや別火では、煮しめや赤飯などのご馳走を食べ、その上酒まで大っぴらに飲むことが出来たので農民たちにとっては農作業の合間の楽しみでもあった。

日待ちや別火は、ライ神社の祭り日に行う場合と、その後に行う場合、あるいは臨時的に行う場合とがある。日待ちとは、ある特定の日を待って行う行事をいう。一方、別火とは、火を別にすることであり、普段使用しているカマドの火は、穢れているとされ、そこで別にカマドを設けて穢れのない清浄な火で煮炊きをすることをいう。本来、清浄な火によって煮炊きをする物忌《ものい》み（註2）としての行事である。日待ちも別火も小集落単位に男たちが中心になって春から初夏にかけて雹嵐や日照りの害がない無いことを祈って定期的に複数回行うのが普通である。また、日照りが続いた時に雨乞いのために行う雨乞い日待ちや別火、および願いが叶って降雨があった

オセンドの後のオヒマチ
宇都宮市上砥上

際に行われるオシメリ日待ちや別火など臨時的に行われる場合もある。

霊験あらたかな社寺への参拝は、雹嵐の被害、あるいは日照りの被害を受けやすい地域で行われている。農作物の栽培でいえば雹嵐の被害を受けやすい地域は、葉煙草、麻、ユウガオ、麦、梨などの栽培地域であり、日照りの害を受けやすい地域は、水源の浅い河川に依存する水田地帯である。こうした地域ではもちろん地元のライ神社の祭り日に雹嵐などの様々な被害除けを祈願するが、それだけでは不十分と見え、あらためて雹嵐などの被害除けに霊験あらたかな神社へ参拝する習わしがある。霊験あらたかな神社とは、県内では南那須町月次の加茂神社、宇都宮市平出の雷電神社、県外では群馬県板倉の雷電神社、茨城県筑西市樋口の雷神社、同県大子町の八溝嶺神社、同県加波山神社などである。これらの神社への参拝は、後程詳しく述べるが、いずれも参拝は、地元の雷神社の祭り日当日、あるいは、その前後になされている。また、多くは集落ごとに講を組織し、代表者が参拝に出かけている。

【各地の事例】

◎**黒羽町北野上　加茂神社**　三月一五日　各家の主が当番の家に集まり、各戸より集めた米で蒸かした赤飯をいただいてから神社へ参拝。供物は、米、

註3　本来、錫製の神前に供える酒を入れる容器。

祭りの定番のご馳走、赤飯と煮しめ
鹿沼市上石川

塩、尾頭付魚を神前に供え、お神酒すず[註3]二本（新竹で作った筒にお神酒を入れ杉の葉をさす。これを笹竹に吊るし地面に突き立てる）。

◎南那須町月次　加茂神社　春（旧暦三月二五日）、秋（旧歴一一月二五日）　春は盛大に行われ、露店も多数出た。高根沢を始め各地から梵天が奉納され、奉納の後に持参してきた三俵の餅をまく。各地に「鳴井山講」と呼ばれる講組織があり、講の代表者が参拝。受けたお札を、家の神棚へ供えた。秋は　昔は相撲の奉納　今は止めている。なお、賀茂神社では、鳴井様は相撲がきらいと言われている。

◎塩谷町川村　雷神社　旧暦三月一五日　お神酒、赤飯などを備え、皆で酒をいただく。この日は、ライジン様のオヒマチともいい、祭礼の後に、当番宿の床の間に月次の加茂神社より受けて来たオカケジ（掛け軸のこと）をかけ雹嵐除けなどを祈願。

◎氏家町氏家下新田　通称ナリカミサマ　祭礼三月二五日　洗米、赤飯、大根をガリガリおろしたものと刻んだトウガラシを混ぜたものをそれぞれ重箱に入れ社殿に供える。供物の準備および神事等は年行事四人が執り行う。神事終了後に太々神楽や芝居、浪花節等芸人を招いて行った。その後、当番宿でオヒマチ（飲食）をする。

御神木に旗をつけ終わるまで
社殿の周囲を回る　福和田雷電神社

◎**鹿沼市板荷　雷電神社**　四月一五日　神社の傍らにボンデン二本を立て、お神酒、ゴク（御供）を供える。社殿の周囲を「センドウ　マンドウ」と唱えながら三回まわる。その後、鎮守の日枝神社で会食。雷電神社の祭日は、オコト（お事）と称し、仕事を忌む。

◎**壬生町福和田　雷電神社**　旧暦三月一五日　雷電神社の各家の主人公が集まり、祭り当番がご神木に竹竿の先につけた旗を取り付ける。この間、ムラ人は「センドウモウセ　マンドウモウセ」と言いながら御神木の周りをまわる。

◎**藤岡町高取　雷電神社**　旧暦四月四日　祭り日をベッカという。雷電講があり、この日、講の代表者二名が板倉の雷電様に出かける。受けてきたお札は、雹嵐除けとして畑の隅に竹に刺して立てる。

◎**小山市大谷野田　雷電神社**　六月二九日　当番が各家から持ち寄った餅米で供え餅を作り雷電神社に供えた。祭礼後この供え餅を切り分け参拝にやって来た人に配った。その他、赤飯、甘酒を作り参拝者に振舞った。また、前もって板倉の雷電様へ当番が参拝し各戸分の受けてきたお札を各家に配り、各家では竹の先に挟み雹嵐除けとして畑に立てた。なお、念仏講の人々が境内のしめ縄を張った中でナンマイダーブツと念仏を唱えたものである。

Ⅲ

雷を神として敬う信仰

——荒ぶる神・恵みをもたらす神としての二面性を持った神——

雷は自然現象であるが、日本人は雷には神様が宿り、落雷、降雨、雹嵐など雷に伴う自然現象は、雷神の仕業とする信仰がある。

ところで、日本人は、雷神をどう思い、信仰してきたのであろうか。雷神は、天を切り裂くような稲妻に続いて空気を振動させ大雷鳴をとどろかせ、時には突風や降雹を伴い自然の威力をまざまざと人々に見せつけ脅威を与えるものとして畏怖され、災いをもたらす「荒ぶる神」として崇め奉られる。一方、雷神は、夏に適度な雨を降らし農作物の生長を促す恵みの神、いわゆる作神として信仰される。

栃木県の雷神信仰は、まさに二面性を持った神として信仰されてきたところにあるが、中でも雹嵐除け信仰と雨乞い信仰とが盛んなところが栃木県の雷神信仰の特徴ともいえる。

一 荒ぶる神としての雷神への信仰

1 落雷発生時における落雷除けにまつわる風習

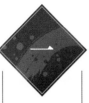

昔から怖いものの例えとして雷は、地震に次ぐ怖いものとされてきた。夏季に強力な雷が発生する栃木県では、その時期、各所で落雷に見舞われ恐怖におののいてきたのも事実である。科学が進んだとはいえ、雷を制御することはほとんど不可能で、ましてや落雷に対してほとんど打つ手の無かった時代においては、ただひたすら落雷がないことを祈るしかなかった。

雷発生時に行われる各地のおもな風習について見ると、なかでも多いのが、線香や粥箸など物を燃やす一八六か所、蚊帳に入る八五か所、節分の残り豆を食べる五八か所、クワバラなどと唱えごとをする五三か所といった風習である。また、線香を燃やすといった方法だけで行われのではなく、後で述べる事例のように線香を燃やし、蚊帳《かや》の中に入り、クワバラ・クワバラなどと唱えごとをいうなどいくつかの風習が組み合わされて行われる。

こうした落雷除けにまつわる風習は、非科学的なものであり、いうなれば呪《まじな》いである。今からすれば落雷防止対策等が施され、被害を完全に食い止めることは出来ないにしても少なくすることが出来る。しかし、当時とすればそういった手段もない。呪いに頼るしかなかったわけである。それにしても多様な風習が伝承されていたものである。

なお、蛇足ながら述べるが、落雷除けといわれる様々な風習は、本当に落雷除けの意味だけで行われたものなのか疑念が無いわけではない。それというのも、こうした落雷除けの風習は、初雷《はつらい》（その年最初の雷）の時に行われるが、栃木県内における初雷は、三月頃である。つまり稲作の準備が始まる頃であることを考えると稲作業開始にあたり稲作と結びつきの強い雷神を迎える儀礼とも思えるのである。

【事例】 雷発生時における各地の落雷除けの風習具体例

◎黒磯市木綿畑

- 線香を焚く
- 節分の残り豆を食べる
- 蚊帳の中に入る
- 桑の木には雷が落ちない　桑の木は沢山枝分かれしガシャガシャになっており危ないので雷が降りられない。

◎南那須町月次

- 雷の時は煙を出すとよい、雷の時は、ノデンボウ（「和名ヌルデ」で作った箸のこと）を燃やす、線香をたく、イロリで火を燃やし身体を乾かすとよい
- 初雷のとき年越し豆を年の数だけ食べる

・蚊帳を吊る
・「クワバラ　クワバラ」と唱えた
・桑の木を軒下にさす
・雷の時は鍋蓋を裏返して庭先に出す
◎西方村本城
・線香を燃やす、雷の時に粥かき棒（粥箸のこと）を燃やし庭先に投げる
・初雷の時に年越の豆を食べた
・蚊帳の中に入り「クワバラ　クワバラ」と唱える
・降雹の折に鍋の蓋やお鉢を庭先に投げる
・降雹の折に雹を食べる。
・降雹の折に雲が寄るようにと空鉄砲を撃つ
・突風が吹く際には、鎌を物干し竿の先に縛りつけ庭先に刃先を風の方に向け立てる

①物を燃やす風習

物を燃やす事例は、落雷除けの風習の中では最も多く一八六か所で、県北西部地域を除く広い範囲で確認できた。燃やす物は線香が一番多く九〇か所、粥かき

母屋のトボグチ
左側が人、右側が馬竿の出入口　芳賀町東高橋

棒など特定の物を燃やすという事例が四六か所と続く。一方では「とにかく何でもよいから燃やし煙を出すものだ」という事例も多く四三か所で確認できた。

このように物を燃やす事例が格別に多いが、大平町富田で、「何でもよいから火を燃やす。空気が湿っていると雷は下がりやすく、かわいていると落ちない」といわれるように、煙は雷を遮断、あるいは落雷を除ける効果があると信じられたようだ。

A 線香を燃やす

線香を燃やすのは、大抵の家に身近なものとしてあり、また、簡単に点火できるということが線香を用いる表向きの理由と考えられる。一方、線香は祖霊を祀る仏壇などでの焼香に必需品であり、また、独特の香の匂を発する。そうしたことから線香には祖霊の力が宿るとされ、その力に落雷除けを期待するものがあったのではないかとも考えられる。

なお、燃やす場所については場所不明との回答が六八か所と最も多いが、縁側で燃やすという所が一四か所、母屋のトボグチ（入口）・母屋の軒下が各一か所ずつあり、家の中よりも線香の煙が外にたなびくような配慮がなされている。なかには「雨戸をしめて少しあけたところに線香を焚く」（宇都宮市塙田）とか、

「雷が鳴るとナンマイダブ、ナンマイダブと言って、線香を縁側で焚く。そして窓を少し開けておく」（益子町山本大郷戸）のように、縁側で線香を燃やす場合でも燃やす場所に配慮をする所がある。この他に「長い線香を燃やす」（鹿沼市板荷）、「短い線香を燃やす」（栃木市箱森町）、「短い線香を四本たてる」（茂木町牧野）、「線香を焚きお茶をあげる」（上三川町明治）、「風呂の蓋を裏返しにして軒下に置き線香を焚く」（南那須町藤田）などの風習も聞かれる。

【各地の事例】

◎線香を縁側で燃やす。 今市市小百　今市市豊田　市貝町市塙字前之内　小山市乙女上　鹿沼市酒野谷　鹿沼市下遠部　鹿沼市板荷大原　上河内村中里字原　黒羽町北野上田中内　二宮町物部　二宮町沖　芳賀町稲毛田　茂木町中飯　益子町山本大郷戸

◎線香を縁側で燃やし「マンジュウラク　マンジュウラク」と唱える。 益子町山本大郷戸

◎仏壇に線香をあげる。 鹿沼市酒野谷

◎線香をたきお茶をあげる。 上三川町明治

◎風呂のふたを裏返しにして軒下に置きその上で線香を燃やす。 南那須町藤田

小正月の粥を粥かき棒につける
栗野町上粕尾

B 粥かき棒を燃やす

粥かき棒とは、粥かき箸、粥箸、餅箸、あるいはノデンボウ（和名ヌルデ）の木で作られることからノデンボなどともいわれ、小正月の一五日の朝にいただく小豆粥をかき混ぜる特別な箸である。直径二～三センチ程のヌルデの木を長さ約二〇センチ程に輪切りしたものを先端部分の表皮を削り、さらに先端を二つ割り、ないしは十文字に割れ目を入れたものである。一五日の朝、小豆粥ができると、まずこの箸で粥をかき混ぜ、先端に粥がついたままをオカマ様（お釜様・台所の神）に供える。お釜様に供えた箸は、そのまま残して置き、雷が鳴った時に落雷除けとして燃やすのである。なお、初雷（その年最初の雷）の時に燃やすという家もある。

粥かき棒の場合、「雷の時は、煙を出す　いぶすのも良い」というように、線香に比べると煙の量が多く落雷除けには効果的とされたと思われる。なお、粥かき棒は、前に述べたように小正月に作る小豆粥を掻き混ぜる箸である。また、使用後の粥かき棒は、田植えが終わった水田の水口に、箸の先の割れ目に鎮守社のお札を挟んで突き立て豊作を祈願する儀礼にも使用される。このように小豆粥のついた粥かき棒は、単なる箸ではなく粥に宿る呪力がついた箸ともされる。そうしたことから粥かき棒も線香同様に、落雷を除ける力があるとされ、雷が鳴った時

マガマ
芳賀町東高橋

に燃やされたのではなかろうか。
一方、燃やす場所についても、場所不明との回答が二七ヵ所あるが、囲炉裏やカマドで燃やす所が一三か所、囲炉裏やカマドなどで点火し庭先に放り投げる、あるいは庭先で燃やす所が八か所、その他、軒下二か所、玄関先、田んぼ、マガマ（馬釜・台所に置き馬に与える湯を沸かす）が各一か所ずつというように、線香の場合同様に外部に通じる所や外部という所が多い。屋内よりも外部の方が、落雷を防ぐ効果が大きいとされたのであろうか。

【各地の事例】

◎粥かき棒を囲炉裏や火鉢で燃やす「お静かに願います」といって燃やす所もある。　粟野町上粕尾細尾　大平町西山田池上　湯津上村狭原　小山市乙女上　鹿沼市西大芦　鹿沼市上石川　鹿沼市板荷　鹿沼市笹原田　鹿沼市日光奈良部　鹿沼市西沢　鹿沼市下南摩　南那須町月次

◎台所のマガマで燃やす。　塩谷町船生川村

◎玄関先で少しずつ粥かき棒を燃やす。　葛生町山菅

◎軒下で燃やす。　栃木市箱森町　鹿沼市草久

◎囲炉裏で粥かき棒に火をつけて外に放り投げると雷がおさまる。　粟野町上

註　ここでいうノデンボウの花とは、カユカキボウなどとともに小正月の作り物の一つで、表皮を剥いたノデンボウの先を刃物で削りかけにして作った造花である。これを米の花に見立てて木の枝に取り付け米の豊作を予め祝う。

ノデンボクの花
鹿沼市笹原田

粕尾発光路　大田原市上石上　鹿沼市酒野谷　鹿沼市上南摩

◎庭先で燃やす。　宇都宮市塙田東坪

◎田んぼで燃やす。　石橋町上古山

◎一四日のノデンボウの花（註）を燃やす。　小山市下泉

C 線香、カユカキボウ以外の物を燃やす

雷が鳴った時に燃やす物には、線香や粥かき棒以外では豆がら、お釜様に供えた稲の苗、藤の花などがある。また、とにかく雷が鳴ったら何でも良いから燃やせという所も多い。

豆ガラは収獲した後の大豆の茎で、燃えやすい所からイロリやカマドの焚き付けとして使われる。また、節分の豆まきの際に、豆をまく場所に豆ガラにイワシの頭を突き刺して飾る風習がある。オカマ様にあげた苗とは、田植えが終わった際に、水口の苗を引き抜いてきて升の中に入れ、オカマ様に豊作になるようにと供えたものである。

【各地の事例】

◎豆ガラを燃やす。　宇都宮市塙田

お釜様に備えた苗
日光市山久保

イワシの頭を刺した豆ガラ
宇都宮市西大寛

◎お釜様に供えた苗（田植え終了後に水口の所の苗、三株をとって来て供えた苗）を燃やす。　馬頭町矢又　芳賀町稲毛田

◎四月八日のお釈迦様の日に藤の花をとって来てそれを家の軒下に乾燥させておき、雷の季節に藤の花を燃やす。（藤の花を燃やすことによって。雷が煙に乗って降りて来るから、直ぐに雷が鳴っても落ちてこないという）　馬頭町富山

◎生の草を燃やす。　鹿沼市上石川

◎何でもよいから火を燃やす。空気が湿っていると雷は下がりやすく、かわいていると落ちない。　大平町富田　南那須町月次

②蚊帳に入る風習

落雷時に落雷除けに行う風習として何かを燃やすに次いで多いのが、「蚊帳の中に入る」で八五か所から回答を得た。蚊帳は就寝中に襲ってくる蚊を除けるための用具で、最近ではすっかり忘れ去られているが、網戸が設置される以前は必需品であった。蚊帳は栃木県の特産の麻を材料として織った目の粗い布地を底の無い立方体に縫い上げ、四方に吊り金具を取り付け、布団を敷いた部屋に吊り使用するものである。これを雷が鳴った時に、急いで吊り、その中に入って雷が通

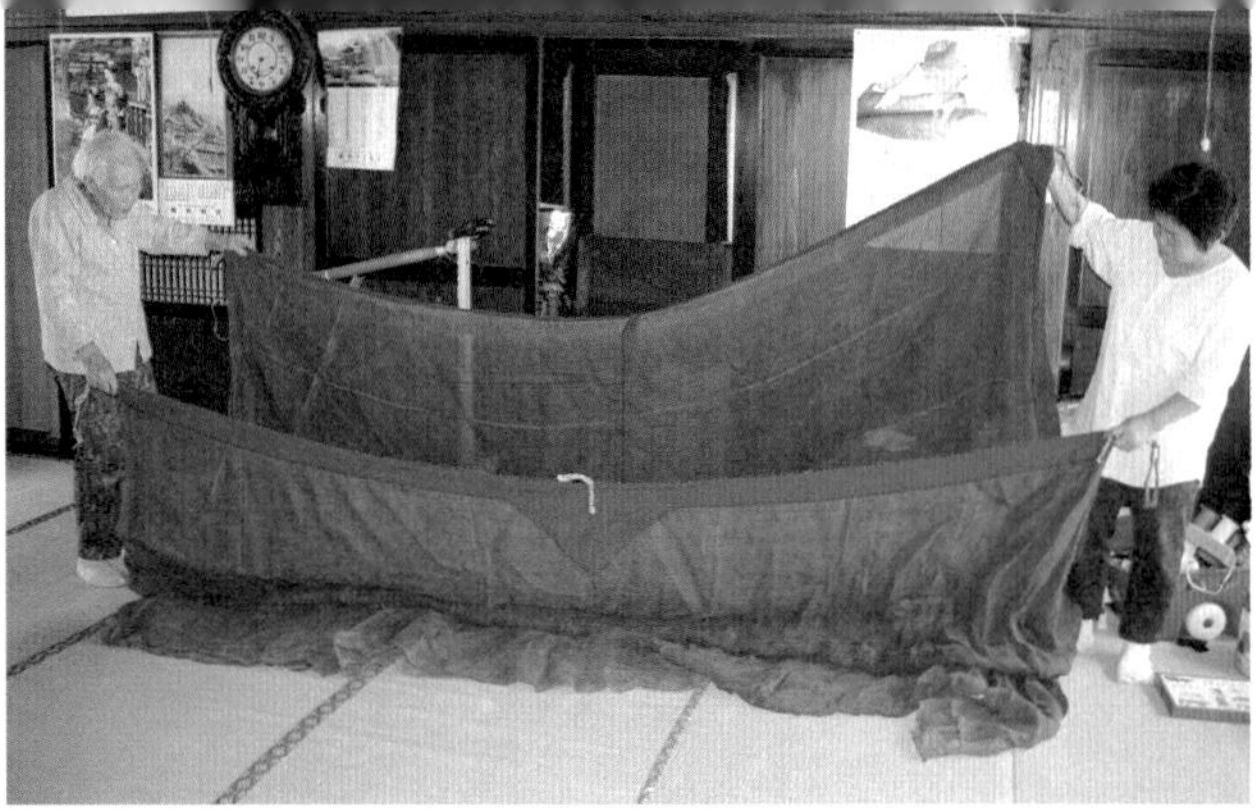

今では珍しい蚊帳
福島県只見町

り抜けていくのをやり過ごすのである。麻糸を織って作った蚊帳はゴワゴワしており、そのような感触が雷を除ける、感電しないと思わせたのかもしれない。一方、特に寝る時でもない昼間に蚊帳の中に入ることは、異次元の世界に入ったような気持ちを抱かせる。特に子どもたちにとっては、気持ちを高揚させふざけあったりしたものである。そうした異次元の世界であればこそ落雷を除けることが出来ると信じられたのでもあろう。

なお、蚊帳を吊り中に入る場合には、ただ中にいるだけではなく「クワバラクワバラ」と唱える所が多く、また、蚊帳の中で線香を燃やすという所（鹿沼市西沢）もある。

コラム

蚊帳を逆さに吊った笑い話

今では蚊帳はすっかり姿を消してしまった。博物館などでも蚊帳を展示している所は見ない。広げると大きすぎて展示が難しいのであろう。ところが夏涼しい山間地では蚊がいないので蚊帳を必要としなかった。そうした蚊帳を知らない山の中の人が町に出て土産に蚊帳を買ってきたが吊り方

節分の豆まき
宇都宮市二荒山神社

を知らないので失敗したという笑い話がある。

「山里の人が江戸見物に行った。蚊帳を売っていたのを見て『これは何にするもんかね』と聞くと『これは蚊帳というもんで、これを部屋に吊って寝ると蚊に食われない』というので便利なものだと思って買い村へ持って帰った。

そして蚊帳を吊っていざ入ろうと思ったが、入り口がない。そこでハシゴをかけて飛び込んで入ったんだって。どうしてそんなことするんだろうと思ったら、山里の人は蚊帳を逆さにして吊っていたんだってさ」

③ 節分の残り豆を食べる風習

立春の前日を節分あるいは年越しともいい、その日の晩に正月の松を飾った所で「鬼は外、福は内」と声を張り上げながら煎った豆（この時の豆をトシマメともいう）を撒き、その時の残り豆を雷が鳴った時に食べる風習がある。なお、栃木県では二月初午の稲荷社に供えるシモツカレにも節分の残り豆を入れる風習がある。

鬼を追い払った節分の残り豆には呪力が宿ると考えられ、その呪力が宿る豆を食べれば落雷に合わないとされたのであろう。なお、栃木県の郷土料理であるシモツカレの場合には、これを食べると中気（脳血管障害）にならないとか、風邪を引かないともいわれる。

初午、稲荷様に供えるシモツカレと赤飯
宇都宮市下荒針

④クワバラの唱えごとと桑の木にまつわる風習

落雷除けとして蚊帳の中に入る風習が見られるが、この時にクワバラ　クワバラと唱える所が多い。クワバラと唱えることについては、菅原道真にまつわる話が広く知られる。平安時代の貴族菅原道真は、九州の大宰府に左遷され、そこで失意のうちに亡くなった。死後、道真は怨霊と化し京の都に落雷をもたらした。しかし道真の所領だった桑原にだけは雷が一度も落ちなかったという。そのことから雷がなった時にクワバラ　クワバラと唱えると雷を除けることができるという。

クワバラの由来の話は、この他各地にも伝わる。大阪府和泉市高野山真言宗寺院の西福寺におけるクワバラの由来話の場合、粗筋は「俊乗坊重源上人という坊さんが雨乞いの儀式をしていた時に、境内の井戸で老婆が洗濯をしていた。にわ

註　宇都宮大学公開講座「民俗学から見た栃木」受講者図子俊洋氏および大阪府堺市在住の図子匠氏のご教示による。

かに雷雲が湧き夕立ちとなり、雷鳴とともに井戸に雷が落ちた。老婆はすかさず井戸に蓋をして雷を閉じ込めた。老婆は雷を逃がすかわりにこの桑原の地には雷は落ちないという約束をその雷からとりつけた。以来、雷鳴がした時にクワバラ、クワバラと唱えれば落雷しないという(註)」

兵庫県三田市桑原の欣勝寺にも雷が井戸に落ちたという話が伝わる。「雷の子が雨を降らそうとしたところ、欣勝寺の古い井戸の中に誤って落ちてしまった。そこで和尚が蓋をして閉じ込めたところ、雷の子は二度と雷を落とさないからと約束して出してもらった。それから二度と桑原には雷が落ちなくなったという」

上記二つの話は、雷神があやまって桑原の地の井戸に落ち、蓋をされて閉じ込められてしまったが、二度と桑原の地には落ちない約束をして許されたというパターンである。同じように雷がクワバラという所に落ちた話が烏山市下境にも伝わる。（下境の話は後の「Ⅵ　雷にまつわる民話」で詳しく述べるのでそれを参照していただきたい。）

菅原道真にまつわる話では、桑原だけに落雷がなかったことによりクワバラクワバラの唱えごとが生まれたとしているが、一方、西福寺、欣勝寺、烏山市下境に伝わる話では、雷神が落ちた所が桑原という所であり、そのことからクワバラと唱えるようになったという。しかし、とどのつまりは、桑原には落雷が無いということである。いったい桑原とはどのような所なのか。

黒磯市木綿畑には「桑の木には雷が落ちない　桑の木は沢山枝分かれしガシャガシャになっており危ないので雷が降りられない」、また、南那須町月次では「クワの木を軒下にさす、桑の木には雷は落ちない」、大田原市福原では「農作業中にカミナリがなった時は、腰に桑の木の枝をさすとよい」、鹿沼市西沢では「桑畑に逃げ込む」との伝承がある。四つの事例ではあるが、ここでは桑という樹木そのものに視点があてられている。桑の葉は、蚕の餌になくてはならない。そしてこの葉を食べ育った蚕はやがて繭を結び、繭から絹糸が紡がれ、絹糸は最高級の布地である絹織物に織られる。いうなれば桑は絹織物を生み出す根源である。また、桑の木は、一年に何回も刈り取られるが、刈り取られてもすぐまた新芽が出てすくすく伸び成長が早い。また、黒磯市木綿畑の「桑の木は沢山枝分かれしガシャガシャになっている」とあるが、一年に何回も枝を切り取られ、そこから何本かの新芽が沢山枝分かれする様子をガシャガシャにと言ったものである。このように桑の木は、生命力の強い、しかも物を生み出す呪力を宿した植物として捉えられ、その呪力が落雷を除けると信じられたものと思われる。そうしたところから桑の木の生えている所には、雷が落ちないとされ、雷の折にクワバラと唱えられるようになったものと思われるのである。

⑤その他の落雷除けの風習

これまで、代表的な落雷除けの風習について述べたが、最後にこれら以外の興味深い落雷除けの事例を紹介したい。例えば嵐除けとして草刈り鎌の刃先を風に向かけて立てる風習である。雷に伴なった時ばかりでなく台風時にも行われるが、風を切って、風の勢いを弱めようとしたものなのか。雷の際に鍋や釜の蓋を庭先に放り出す風習も各地で行われるが、蓋に呪力が宿りその呪力で雷の威力を弱めようとしたものか。また、降雹の折に空鉄砲を撃つ風習も見られる。鹿沼市および粟野町、西方村などの一部で見られる風習であるが、鉄砲の音で雷の威力を弱めようとしたものか。こうした風習に疑問はつきない。

【各地の事例】

◎嵐除けとして庭先に立てた棒の先に、草刈り鎌の刃先を風に向けて立てる。ただし、落雷に伴う突風の場合だけに限らない。
宇都宮市下栗町　大平町牛久東岡　野木町佐川野上　鹿沼市上南摩　粟野町上永野山口　西方村本城　大田原市福原　塩谷町東房《ヒガシボウ》

◎雷の時は鍋蓋《なべぶた》を裏返して庭先に出す。鍋・釜の蓋を庭にほうりだす。
南那須町月次　塩谷町川村　宇都宮市下栗町　大平町西山田池上　大平町富田

神ノ倉　小山市乙女上　鹿沼市上石川　鹿沼市酒野谷　二宮町沖　西方村本城　芳賀町下延生　石橋町　烏山町下境　栃木市箱森町東坪　二宮町物部　今市市針谷　今市市小百　上三川町明治

◎降雹の折に空鉄砲を撃つ。　粟野町上粕尾発光路　粟野町上永野山口　鹿沼市上石川　鹿沼市日光奈良部　西方村本城

コラム

民話「おおぎよりこぎ」

むかしあったんだって。兄弟が働きに行ったわけだ。その時に、親に、「おおぎよりこぎ」といわれた。兄弟はその意味がわかんないまま働きに行った。兄は「金はいくら取っても、これで沢山てのはないから、おお金よりこ金、ということを言ったに違いない」と思ったと。それで働いて「もうここらで帰っぺ」と弟に言ったんだと。そうすっと弟は「まだ金はとりたんねえ。もう少し働いていこう」というので、また二人は働いたんだと。いつまで働いていてもしょうがないので、嫌がる弟を連れて二人は帰ったと。

帰る途中でカミナリ様がなった。そんな時に、兄の方は、おおぎ、つまり大きな木の下で雨宿りしたんだと。弟のほうは、こぎということで、小さい木の下で雨宿りをしたんだと。やっとここで弟の方は、出がけに親の言うことを思い出したんだっぺよね。兄の方は、おお金よりこ金と聞き間違えてしまったから、そんなことはすっかり忘れてしまっていた。

ちょうど田植のころだったから、でっけえカミナリ様がピカゴロピカゴロやってたんだっぺ。とうとう兄は雨宿りしていたおおぎの方にカミナリ様おっこちてよ。兄は死んでしまったちゅうことだ。人の運ちゅうものは、どこでどうなっかわかんないもんだ。こんあ話聞いたっけ。（茂木町 小堀修一「おおぎよりこご」『栃木のむかし話』下野民俗研究会編 日本標準社より再話）

二

落雷除け信仰

雷、といえば誰しもが一番恐れるのは、落雷ではなかろうか。空気をビリビリと振動させ大音響とともに落ちる雷、直撃を受けると感電死さえすることもある。まさに恐怖であり、速く雷が去ってくれることを願わずにはいられない。ライ神社の祭祀が、落雷による被害を受けたことをきっかけとする神社があるのは、まさに落雷の恐怖を免れようとする落雷除け信仰によるものである。日本では、落雷や降雹、突風などは雷神の怒りとし、その怒りをかわないために雷神を丁重にお祭りしその上で落雷を除けていただこうとする信仰がある。こうしたことからどのライ神社でも基本的な信仰として、落雷をはじめ雹嵐などを除ける雷除け信仰がある。ところで落雷除け信仰を強く持つ所がある。ライ神社ではないが、粟野町下粕尾の瑠璃光山常楽寺（通称常楽寺）で祭祀している録事尊である。

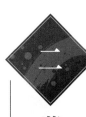

1　録事尊信仰　～雷神を助けた名医録事尊～

録事尊《ろくじそん》とは、鎌倉時代の下野国粕尾郷の名医である中野智元《なかのちげん》のことであり、医者であったにもかかわらず雷除けに霊験あらたかとして信仰されている。録事尊が雷除けに霊験新たかとして信仰されるようになったのは、ある時、雷の病気を治してあげたからだという。録事尊として親しまれ、信仰されるようになったことについては、地元に残る「録事尊縁起」に詳しい。

①録事尊縁起と地元に伝わる民話

録事尊縁起あらすじ

「医者の中野智玄《なかのちげん》は、一人娘の小春一七才が難病にかかった時に治すことができなかった。娘は病を癒すべく当てもない旅に出たが、野宿をしていると白髪の翁からお告げを受け、お告げ通りに吹上村伊吹山《いぶきさん》（註1）の七つ葉の差蓬草《さしもぐさ》（註2）で灸をすると病は平癒した。不思議に思った智玄は病気の原因を探ろうとして娘を解剖し死なせてしまった。

その後、医学修行の旅に出て諸国を渡り歩いた智玄は後鳥羽上皇の病気を治し、褒美として粕尾の地と「録事法眼」の称号を与えられ粕尾郷の領主

註1　栃木市の善応寺のことで、伊吹山は山号。

註2　蓬の別名。薬効に優れており、昔からお灸の材料として重宝されてきた。現在、栃木市の天然記念物に指定されている。

鹿沼市（旧粟野町）下粕尾瑠璃光山常楽寺付近図
（国土地理院 2万5000分の1地形図を加工し作成してあります）

となった。

ある時、智玄の腕を聞きつけた雷神が白髪の老人の姿を借りてやってきて、腰を痛めたので直してほしいと頼んだ。録事尊は、早速雷神の病気を灸と薬で治してあげたところ、雷神は御礼にと粕尾の郷に雷を落とさぬことや雨を降らせ川筋を整えること、川の普請をすることなどを約束したという」（大島建彦「録事尊の巡行」『東洋　第一〇巻　第一一号』東洋大学昭和四八年（一九七三）より再話）

録事尊縁起にはこのようなことが記されているが、地元には次のような民話が伝わる。

◎オキナとゲンジという二人の神様が天下りした。その時、桑畑に落ちた雷によって桑の木の破片が体にささり、天に上れなくなった、けれども、近くに灸をすえていろいろな病気を治してくれる名医がいたので、神様

幟旗たなびく録事堂

はそこに行って治してもらった。そのお礼に「何でも欲しいものがあれば言え」と言うと、その名医は「この地に雷がおおいので、どうにかしてほしい。また、川が村の真ん中を流れていて、洪水が起こりやすいので困るから、端に寄せて欲しい」とお願いした。神様は、その二つの願いを聞き入れてくれた。それ以来、粕尾の地には落雷が無いという。また、その名医は録事尊と呼ばれ、雷除けの神様と祀られている。

◎昔、ある坊さんの所に雷が落ちてきた。その雷に灸をすえると、雷は空に帰ることが出来た。その時、雷はこの村に二度と落ちないと約束して帰った。以後、雷はこの地に落ちなくなったという。（上記二話とも東洋大学民俗研究会『粕尾の民俗』昭和四八年・一九七三年より再話）

一般に、縁起が記される背景には、縁起の主体となる関係者が、縁起の主体への信仰を広めるという役割があり、それゆえに縁起は、史実に則ったものばかりでなく史実を超越した物語となっている。録事尊縁起の場合、これを記した者は、録事尊を祀る常楽寺の関係者によるものと思われ、録事尊の遺徳を広めるために創作されたものである。したがって、録事尊が名医となった経緯と録事尊のご利益について詳しく書かれている。この中で、録事尊は、雷神から粕尾に雷を

録事堂に奉納された絵馬
録事尊が雷神に灸をすえる画

落とさぬこととや川筋を整えこと、川の普請をすることなどが約束された。簡潔にいえば、「落雷除けと洪水除け」が録事尊のご利益であり、録事尊縁起は、このご利益を多くの人に広め、録事尊に対する信仰を得るためにあったといえる。

　これに対し、民話の場合は、それが人から人へと語り伝えられ、伝わるごとに少しずつ話が変えられ、かつ省略されるのが一般的である。ここに取り上げた二つの民話は、録事尊縁起がもととなり、それが人から人へと語り伝えられる間に大きく変えられたものである。最初に掲げた民話の場合、縁起と比べ話の筋は大きく変わっているが、肝心の録事尊のご利益は、縁起と変わるものではない。一方、二つ目の民話は、話の筋はまったく簡略され、ご利益も「落雷除け」だけとなっている。ところで、最初の民話のように録事尊のご利益として、落雷除けと洪水除けとを語り伝える人は少なく、ほとんどの地元民は、二つ目の民話と同じように簡略化されたものを語り伝えている。つまり、その背景に粕尾やその近隣地域では、縁起成立後、落雷除けを信仰せざるを得ない暮らしが盛んになったことが考えられる。その結果、人々の語る録事尊の民話から洪水除けのご利益は忘れられ、落雷除けのご利益だけが強調されたものと思われるのである。

② 録事尊信仰の実際

玄関に貼られた録事尊雷除けお札。粟野町口粟野

録事尊の信仰は、本来、縁起にあるように落雷除けと洪水除けとがあるが、粕尾や隣接地域では、先に二つ目の民話が示すように落雷除け信仰が篤い。粕尾に行くと、「粕尾の谷に落雷が少ないのは、録事尊のおかげだ」との話を聞く。そして録事尊信仰の篤さを物語るように、多くの家で玄関先の柱や鴨居に「録事尊雷除守」が貼ってあるのを目にする。このように粕尾では、落雷除け信仰が極めて盛んである。その一因として、落雷や落雷に伴う突風や降雹などの被害に合いやすい麻の栽培が考えられるが、それだけではなかったようである。例えば、他の麻の栽培地の場合、麻畑に雹嵐除けを祈願して群馬県板倉の雷電神社等から受けて来た雹嵐除けのお札を竹竿の先に挟み突き立てる風習があるが、録事尊の雷除けのお札の場合、そうした風習を行う家は稀で、前述したように母屋の玄関先に貼るのが一般的である。録事尊の落雷除け信仰は、雹嵐除けだけではなく、雹嵐除けを含め落雷除け全般における信仰から成り立っていたからではなかろうか。

なお、他の霊験あらたかなライ神社が一様に雨乞い信仰を伴うのに対し、録事尊信では雨乞い信仰を伴わない。これもライ神社とは異なる録事尊独特の雷《かみなり》信仰と言えよう。

次に録事尊信仰のもう一つの洪水除け信仰について参考までに述べよう。駒場一男著の『名医ろくじ法眼』によると、録事尊の石碑が平成二七年時点で二二基確認されており、その中に洪水除けのために造立したものが何点かある。例えば埼玉県加須市下柏戸の石碑の場合、文化九年（一八一二）に造立されたもので、碑面に「録事法眼・水神・雷神」の文字が刻まれているという。加須地内にはこの他にも二基造立されているが何れも利根川・渡良瀬川に挟まれた洪水常襲地である。水神とは洪水除けを祈願したものである。また、日光市瀬尾には同じ文化九年に造立された地蔵尊像を浮き彫りにした「粕尾録事尊」との文字を刻んだ石碑が造立されている。その石碑の傍らの解説板には、大谷川の水害除けのために録事尊を勧請したとある。このように録事尊でも洪水除け信仰の場合、遠隔地に流布しているのが特徴でもある。

③ 録事尊講

録事尊に対する信仰は、他の著名な信仰を持つ社寺同様に、各地に録事尊講が組織され、講を中心に参拝がなされた。明治三二年（一八九九）の「諸町村世話係人名簿」(註3)によると録事尊講は、旧粕尾村をはじめ栃木県のほぼ全域のほか、群馬県の一部、茨城県の一部、福島県の南会津まで及んでおり、例大祭には講中ごとの世話人や、くじ引きで決められた講中の代参者が五〇〇人あまりも参拝した

註3　東洋大学民俗研究会「粕尾の民俗」昭和四八年（一九七三）

参拝者で賑わう録事堂内

という。ただし、前述したように地元および近隣の麻の栽培地以外の地からの参拝者は、洪水除けの信仰で参拝したもののようだ。

一方、昭和四八年（一九七三）二月の例大祭の場合、録事尊講の世話人は五〇数名まで減り、その範囲は鹿沼市・栃木市・上都賀郡粟野町・西方村・安蘇郡葛生町にとどまり、上粕尾、中粕尾、下粕尾は併せて二一名、講金を納めるものは旧粕尾村村民の約七割となった。なお、常楽寺の檀家の場合は、平成の現在もなお全戸録事尊講に加盟が原則となっている。さらに近年は録事講の衰退が強まり、例大祭に講中の世話人が来るのは地元が多く、遠隔地から来る場合は個人で来る事が多いという。

④ 録事尊例大祭

録事尊の例大祭は、昭和四八年（一九七三）頃まで旧正月二〇日であったものが新暦二月一一日と変更になり現在に至っている。ここでは平成時代の祭りについて述べる。事前に係が集まり参道の幟旗立て、祈祷受付、お守りなどの販売、駐車場などの役割分担を決める。

当日は、参道に幟旗を立て、受付を設置する。一方、寺側では赤飯などのご馳走を準備して参拝者を迎え入れる。

録事堂内では常楽寺住職より祈祷が午前と午後の数回行われ、参拝者は受付で祈祷料を納め録事堂に着座し住職から無病息災、家内安全などの御祈祷を受ける。その後、寺で準備した赤飯や、けんちん、煮しめなどの振る舞いを受け、お札やお守りを受け取り帰路に就く。

なお、前述したように近年は、講の世話人や代参者の参拝は少なく、多くは個人参拝である。ちなみに例年参拝者は、八〇〇人くらいという。

ところで世話人が例大祭で受けて来た御札は帰村後に講中の家に配布され、各家では落雷除けを祈って母屋の玄関口の柱などに貼ることが多い。（武藤　聖子 記）

コラム

録事尊碑のあるゴルフ場

日光市所野の大谷川畔にある日光カンツリー倶楽部の一五番グリーンに隣接する林の中に「粕尾録事尊」と刻んだ石碑が祀られている。こんな所になぜ録事尊碑がと不思議がるゴルファーもいるに違いない。録事尊碑は、明治二十八年九月九日に立てられたもので、ゴルフ場の関係者によれば、録事尊碑のある林の部分は、日光市野口に所属し、野口の人が立てたもの

落雷で亡くなった方を供養する地蔵尊像

河原石で作られた録事尊碑

という。これより下流の今市市瀬尾にも録事尊碑がある。洪水除けを祈願したものである。日光カンツリー倶楽部の録事尊碑も洪水除け祈願で立てたものと思われる。かつて大谷川は暴れ川として沿岸住人から恐れられていたのである。

ところが昭和四八年八月三日、手前の一四番グリーン付近で雷雨で木の下で雨宿りをしていたゴルファー二人とキャデイの三人が不運にも落雷にあって亡くなった。そこでゴルフ場側では、一四番グリーン奥に地蔵尊を安置して亡くなった方の供養をした。そこは録事尊碑の近くでもあった。ゴルフ場側では、録事尊が落雷除けの信仰があることを知ったのであろう。以来、地蔵尊の供養と共に落雷除けを願って録事尊の祭りを合せて行うようになり現在に続いているという。なお、録事尊碑の写真撮影では、日光カンツリー倶楽部の御協力を賜った。厚く感謝申し上げる次第である。

三 雹嵐除け信仰

雹嵐とは、前にも述べたように雷に伴う降雹と突風とを合わせていったものである。落雷は、感電死を招くこともあり確かに恐怖であるが、被害の及ぶ範囲は局地的であり、被害にあう確率も低い。それに対し、雹嵐は、それによる人の死を招くことはないが、広範囲に及び被害にあう確率も高くなり、被害を受けやすい作物にとっては壊滅的な被害をもたらすことがある。したがって被害を受けやすい作物の栽培をする農民にとって、雹嵐除けは落雷除けよりもより切実な信仰であった。

県内各地の雹嵐除けを見ると、地元にライ神社の有る無しに関わらず雹嵐除けに霊験あらたかな神社へお参りして雹嵐除けを祈願し、その後、受けて来たお札を地元の集落内に祀るという形態をとるのが一般的である。また、ライ神社を祭祀する集落では、まず、地元のライ神社の春の祭礼で雹嵐除けを祈願、その後、さらに霊験あらたかな神社へ参拝する所が多い。その他に春先にお天祭などと称

山頂でのお天祭の祈り

粟野町下粕尾のお天祭
梵天を担いで山頂に向かう

する行事を実施して、天の神様等に雹嵐除けを祈願する所もある。ともあれ、複数回にわたり丁寧に雹嵐除けを行う所が多いのも雹嵐除け信仰の特徴である。それだけ雹嵐は、農民にとって恐ろしいものであった。

① 雹嵐除けに霊験あらたかな神社への参拝

雹嵐の被害は、広範囲に被害が及ぶ。そうしたことから被害を受けやすい地域では、人々の被害を共有する意識が強く、集落単位に信仰集団を組織し、力を結集して雹嵐除けに霊験あらたかな神社へ参拝する傾向が強い。こうした信仰集団を講とか講中といい、霊験あらたかな神社ほど各地に数多くの講が組織され、広範な信仰圏が形成された。ただし、同じ神社の信仰圏でも中心部ほど講の組織率は高く、縁辺部になるほど組織率は低くなり、個人での参拝が多くなる。

このように雹嵐除けでは、講を組織し、力を結集して霊験あらたかな神社へ祈願参拝する傾向が強い。しかし、講を組織する理由はそれだけではない。参拝の労力と費用を軽減するためにもある。参拝は講中全員で行うのではなく、代表者が出かけ、代表者の旅費などや集落内に立てるお札の費用は、講員の均等負担が原則である。代表者の選出の方法は、例えば西方村本城では四月一日以前にオヒマチを実施、その折に板倉の雷電神社への代表者四人をクジで選出していたが、

註　通称古峰ヶ原あるいは古峰が原様

他の講中でもほぼ同じで、春先に行われる集落の会合の際にくじ引きで選出する所が多い。なお、代表の人数は、集落の大きさによるが二名ないしは四名で、また、特定の者に集中することなく平等が原則となっている。もっとも小山市鏡や益子町山本大郷戸のように参拝する神社に近接した所では、講組織があっても全員で出かけるという所もある。そうした全員による参拝を「総参り」あるいは「総のぼり」と呼んでいる。

ところで雹嵐除け信仰の有り様は、必ずしも栃木県内一様ではなく、雹嵐の被害を受けやすい農作物を栽培している地域ほど強い。具体的にいえば、県西部の足尾山間地から山麓一帯の麻の栽培地域、県北部から東部の葉タバコ栽培地域、県央から県南部の夕顔の栽培地域、県南部の麦作地域等が雹嵐除け信仰が盛んな地域といえ、それに続く地域として県央から東部の梨栽培地域がある。

雹嵐除けに霊験あらたかな神社として栃木県内では、南那須町月次の加茂神社や宇都宮市平出の雷電神社、鹿沼市草久の古峯《ふるみね》神社(註)、粟野町入粟野の賀蘇山《がそやま》(通称尾鑿山《おざくさん》神社)があり、県外では群馬県板倉の雷電神社、茨城県下館市樋口の雷神社、大子町の八溝嶺《やみぞね》神社(通称八溝山)、真壁町の加波山神社などがある。これらの中でも月次の加茂神社、平出の雷電神社、板倉の雷電神社、樋口の雷神社は、特に霊験あらたかな神社として知られ広い信仰範囲を有する。また、古峯神社、賀蘇山神社、八溝嶺神社、加波山神社の場合は、雹嵐除けの信仰よりもむしろ台風などの嵐除けにご利益ある神社として信仰されている。

ここでは、雹嵐除け信仰が顕著な地域における参拝についてもう少し詳しく述べたい。

A 葉煙草栽培地域における雹嵐除け祈願

葉煙草は、六〜八月頃が茎が伸び葉が大きくなる時期でこの時期に雹嵐にあえば、葉煙草の葉が傷つき売り物にならなくなってしまう。そこで、葉煙草の苗の植えつけ時期に雹嵐除けに霊験あらたかな神社へお参りし葉煙草の無事収穫を祈る。

葉煙草栽培で雹嵐の被害を受けやすい地域は、県北東部の那珂川流域、八溝山麓一帯、喜連川丘陵地帯の畑作地帯である。ちなみに昭和六五年当時、黒磯市、那須町、黒羽町、馬頭町、烏山町、茂木町、市貝町、南那須町は、栃木県の葉煙草栽培面積の七五%、栽培農家の六〇%を占めた。

この地域では昭和五〇年代頃までダルマ種と呼ばれる葉煙草が栽培され、稲作を補う貴重な現金収入源になった。葉煙草の栽培は、早春に苗床に種をまき、苗を育て、四月上旬頃に畑に移植。六月頃には葉が大きく育ち、七月下旬頃に葉煙

註　厄介者が来たという意味。なお、八溝からの雷は、一般にはおとなしいといわれる。

門柱に貼った加茂神社の御札
茂木町牧野

草の収穫が始まる。六月過ぎに雹嵐にあえば育った葉が破れて商品価値が無くなる。そこで、苗の移植前後に、あらかじめ雹嵐除けを祈願するために霊験あらたかな神社へ参拝する。

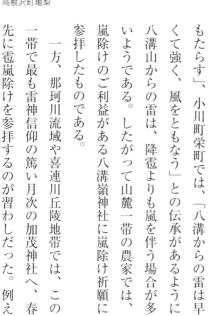

八溝山麓の黒羽町や馬頭町などでは八溝山の頂上に祀られる八溝嶺神社に参拝する風習がある。八溝嶺神社は、雷神をご祭神とするのではないが作神として知られ五穀豊穣、嵐除けなどの信仰が強い。大田原市福原では、「八溝の雷はめったにないが、八溝のカミナリは、ニモッケ（註）といい一番恐れられた。嵐をもたらす」、馬頭町矢又下郷では「八溝からの雷は嵐をもたらす」、小川町栄町では、「八溝からの雷は早くて強く、風をともなう」との伝承があるように八溝山からの雷は、降雹よりも嵐を伴う場合が多いようである。したがって山麓一帯の農家では、嵐除けのご利益がある八溝嶺神社に嵐除け祈願に参拝したものである。

喜連川丘陵上の葉煙草栽培
高根沢町亀梨

一方、那珂川流域や喜連川丘陵地帯では、この一帯で最も雷神信仰の篤い月次の加茂神社へ、春先に雹嵐除けを参拝するのが習わしだった。例え

葉煙草の栽培地

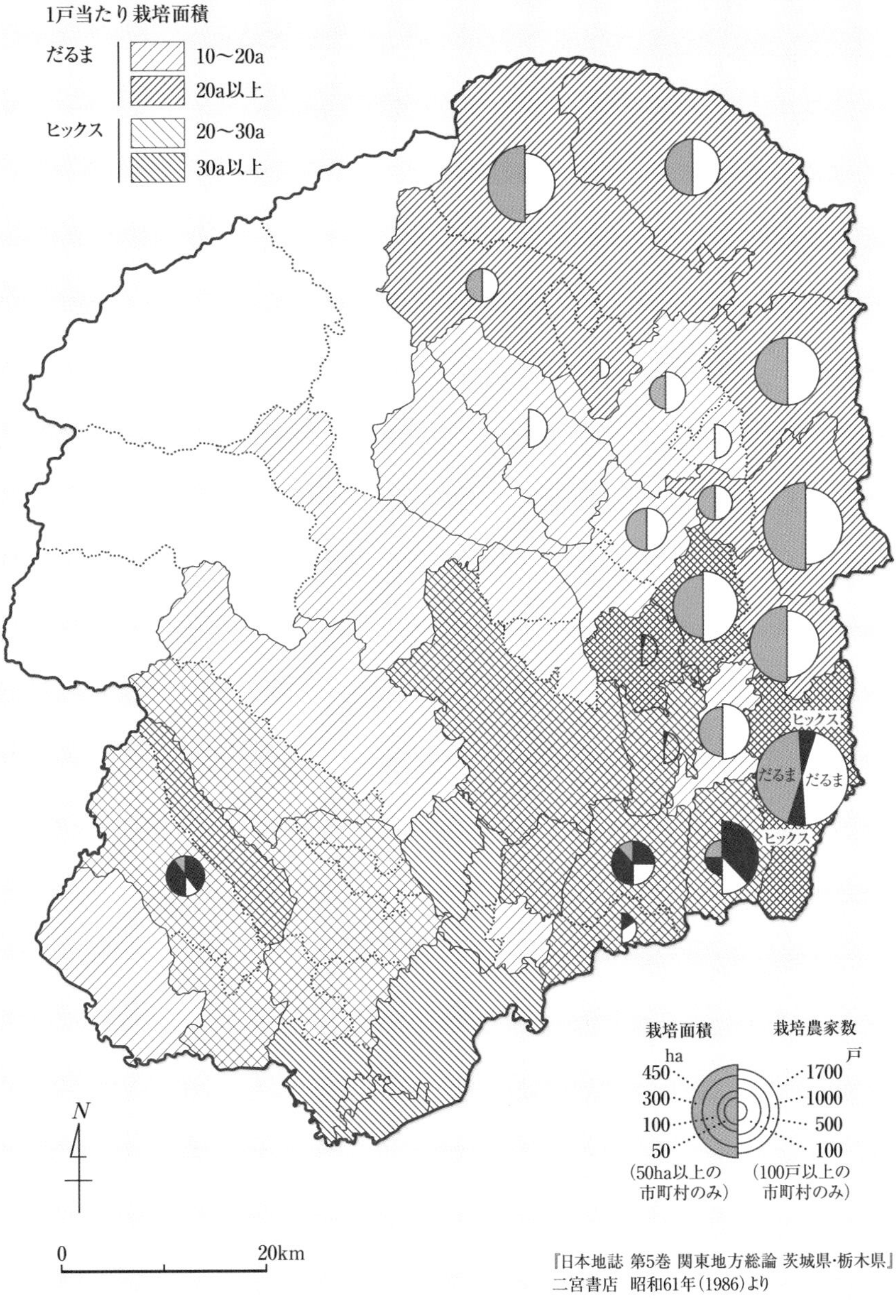

『日本地誌 第5巻 関東地方総論 茨城県・栃木県』
二宮書店 昭和61年(1986)より

麻切り作業
粟野町下粕尾

麻畑に立てられた雹嵐除けの札
鹿沼市加園

ば湯津上村蛭田では、月次の加茂神社に、雹嵐除けを祈願して五月から九月の間に一度、一五日に代表者が参拝したものである。代表者は、二人一組で、出かける前に家々より一定のお金を集め、代表人の弁当代と受けてくる四枚のお札の代金とした。このお札は村の周囲四ケ所に雹嵐除けとして竹竿の先に刺して立てた。その他、個人的にお参りする者もあり、受けて来た嵐除けの札を苗代の種蒔きが終わると竹にはさんで水口にも立てたりした。

B 麻の栽培地域における雹嵐除け祈願

麻の栽培地域は、足尾山間地および山麓一帯の地域である。この地域で栽培された麻は、「野州麻」として広く知られ、最盛時には日本全体の麻の生産量の約八〇パーセントをしめる程の全国一の麻の栽培地域であった。強靭な繊維が得られる麻は、化学繊維が普及する昭和五〇年代頃まで、蚊帳、漁網、下駄の鼻緒の芯、畳糸、荷縄などになくてはならないものとして利用された。中でも高品質の麻の繊維を産出する足尾山間地では、稲作以上の一番の現金収入源として栽培された。麻は五月から七月頃が成長期で七月下旬から八月初旬に収穫される。この成長期に雹嵐に襲われると茎は倒伏し、また、折れたりすることがあり、長い良質な繊維を得られなくなる。そこで雹嵐の被害が無いように霊験あらたかな神社

麻の栽培地

色の濃い地域（鹿沼市南摩・加蘇地区、西方町、都賀町）ほど
栽培が盛んである。

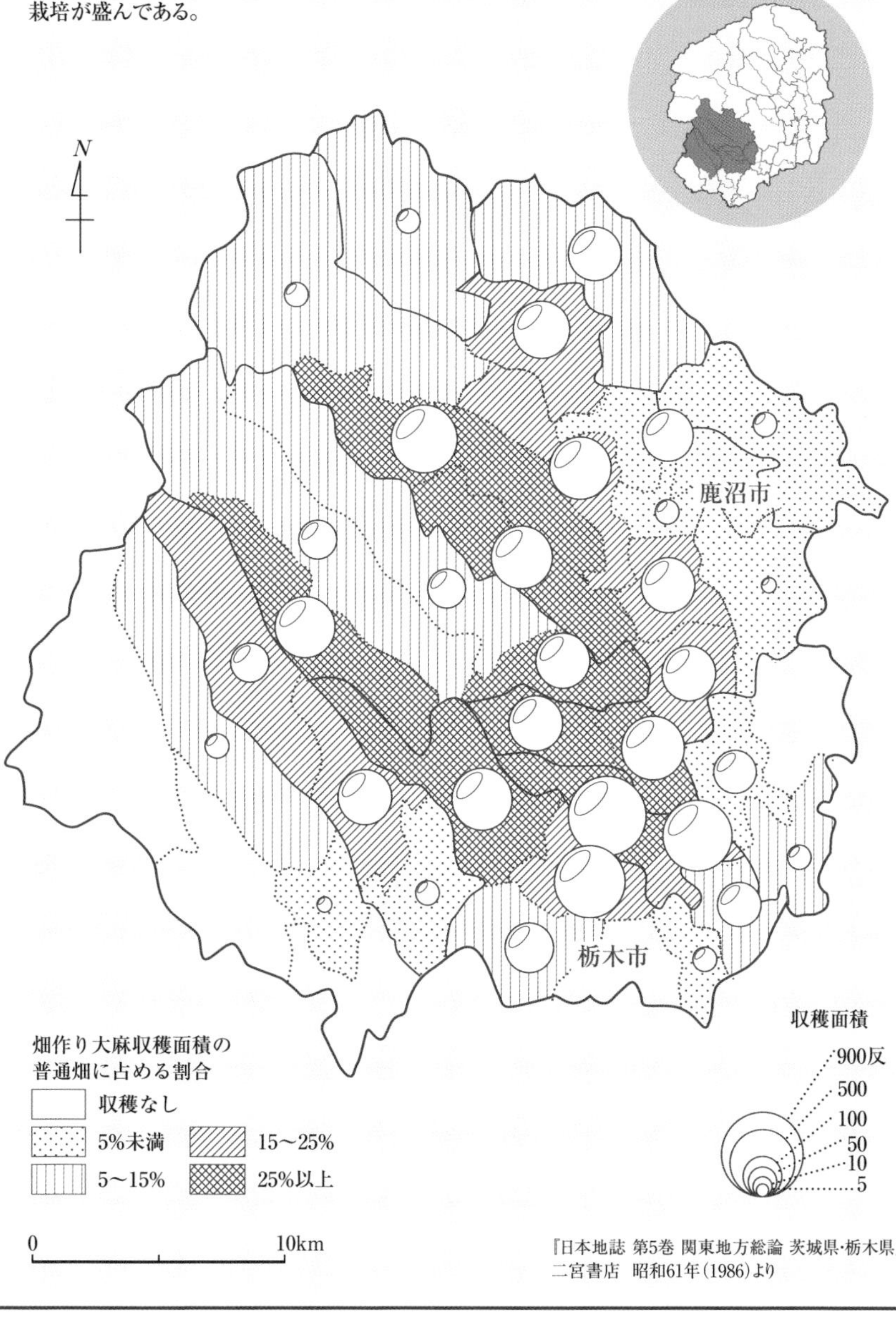

『日本地誌 第5巻 関東地方総論 茨城県・栃木県』
二宮書店　昭和61年（1986）より

への参拝が行われた。

雹嵐除けの祈願参拝は、三月下旬から四月上旬頃、集落全体の麻の種まき（註1）が終了したことを見計らって、まず、天祭を行ない、その後に板倉の雷電神社などへお参りに行ったものである。集落によっては、地元でライ神社を祭祀し、春の祭りで雷除け、雹嵐除けを祈願し、その後、天祭を実施し、さらに板倉の雷電神社などに参拝するといった丁寧な雹嵐除けを行った所もある。このように麻の栽培地域では、板倉の雷電神社へ参拝することが多かったが、鹿沼市の西大芦、加蘇などでは近くの古峰ヶ原へ、また、粟野町や鹿沼市の西部地域では粟野町入粟野にある賀蘇山《がそやま》神社（註2）へ参詣する所もあった。古峰ヶ原は、江戸時代日光修験の峰修行の地であり、嵐除けの信仰で知られ、明治期に古峯神社が創建され嵐除けならびに火防にご利益ある神社として知られるようになったものである。賀蘇山神

註1　麻の種まきは、以前は手で蒔いたものであるが、人手を要するために田植え同様に隣近所共同で行ったものでこれをユイマキ（結い蒔き）と称した。種まき器が普及後もユイマキの風習はそのまま残り、種まき器を結い仲間が共同して購入し互いに利用し合った。

註2　賀蘇山神社　通称尾鑿山神社　鹿沼市と粟野町境にある石裂山（標高八七九m）の南麓に位置する神社。北麓に位置する神社は加蘇山《かそやま》神社という。

コラム

まちなか（栃木市内）の雷電信仰

ここで述べた事柄は、基本的には農民の信仰である。しかし、町場に住む商人や職人が各地のライ神社を信仰していなかったということではな

板倉の雷電神社玉垣

註　寄進者の名前以下は「栃木市史編さん委員会『栃木市史（民俗編）』栃木市昭和五十四年（一九七九）」による。なお、現在、玉垣の表面にコケ等が付着し全文は判読しづらい状態になっている。

い。栃木市の街中に住む商人や職人の中には、周辺の農民に勝るとも劣らないくらい板倉の雷電神社を篤く信仰した。その証が板倉の雷電神社にある。玉垣の寄進で、そこには、「栃木町安政講寄進者四七名、世話人・大塚利平、佐藤調平、田村金五郎、阿部清八、社司・田中鋖作、明治四十一年六月　尽力者・後藤清五郎　栃木町石工田中清吾、栃木町同盟講(註)」等の文字が刻まれている。安政講および同盟講とは、栃木町内に組織された板倉の雷電神社を崇敬する町民の組織で、江戸時代安政年間（一八五四～六〇）に組織されたものだという。

栃木市の町人が板倉の雷電神社を崇敬したのは、栃木市が周辺地帯で栽培・生産された麻の集散地であり、麻の仲買人、麻問屋あるいは、下駄の鼻緒の芯縄作りなど、麻に関わる町民が多かったことによる。麻の出来具合を心配するのは農民ばかりではなかったのである。ところでこの碑の寄進者の中に女性が三名いる。彼女たちは、芯縄作りに従事していた者と思われ、下駄作りでは重要な役割を果たしていた。農村部の板倉の雷電神社の講中が男ばかであったのに対し、旧栃木の町内の講中には女性の参加が見られた。町内の講中の特色ともいえる。

カンピョウ干し、雷雨は大敵
南河内町薬師寺

ユウガオの収穫
壬生町羽生田

社は、古峰ヶ原同様に嵐除けの信仰で知られた神社である。

ともあれ、麻の栽培地では、ライ神社の有無にかかわらず、ほとんどの集落で天祭を行うとともに板倉の雷電神社などへの参拝したものである。それだけ麻は貴重な作物であり、麻が全滅しかねない雹嵐だけは何としても避けたいとの強い願いが複数回に渡る神頼みとなったのである。

C ユウガオ栽培地域における雹嵐除け祈願

ユウガオは、カンピョウの原材料であり、この果肉を剥いて乾燥したのがカンピョウである。栃木県におけるユウガオの栽培は、正徳二年（一七一二）、壬生城主鳥居忠英《ただてる》が前任地の近江国（滋賀県）水口の木津より種を取り寄せ、領内の台地上の畑で試作させたのがはじまりと伝えられる。以来、ユウガオは夏の高温と水はけの良い火山灰台地上の畑に適合し、全国一のユウガオ栽培・カンピョウ生産地となった。栽培の中心地は宇都宮市、上三川町、石橋町、壬生町、国分寺町、南河内町など宇都宮東西台地と鹿沼扇状地の南部である。

ユウガオは四月初旬に種をまき、五月初旬に移植、七月から八月が収穫期となる。六月から七月の成長期に雹嵐に襲われると大きく育ったユウガオが傷つき商品価値を減じる。また、カンピョウ剥きは、晴天の日を選んで行われ、剥いたその日

ユウガオの栽培地域

色の濃い地域（壬生町・南河内町・石橋町・国分寺町）ほど栽培が盛んである。

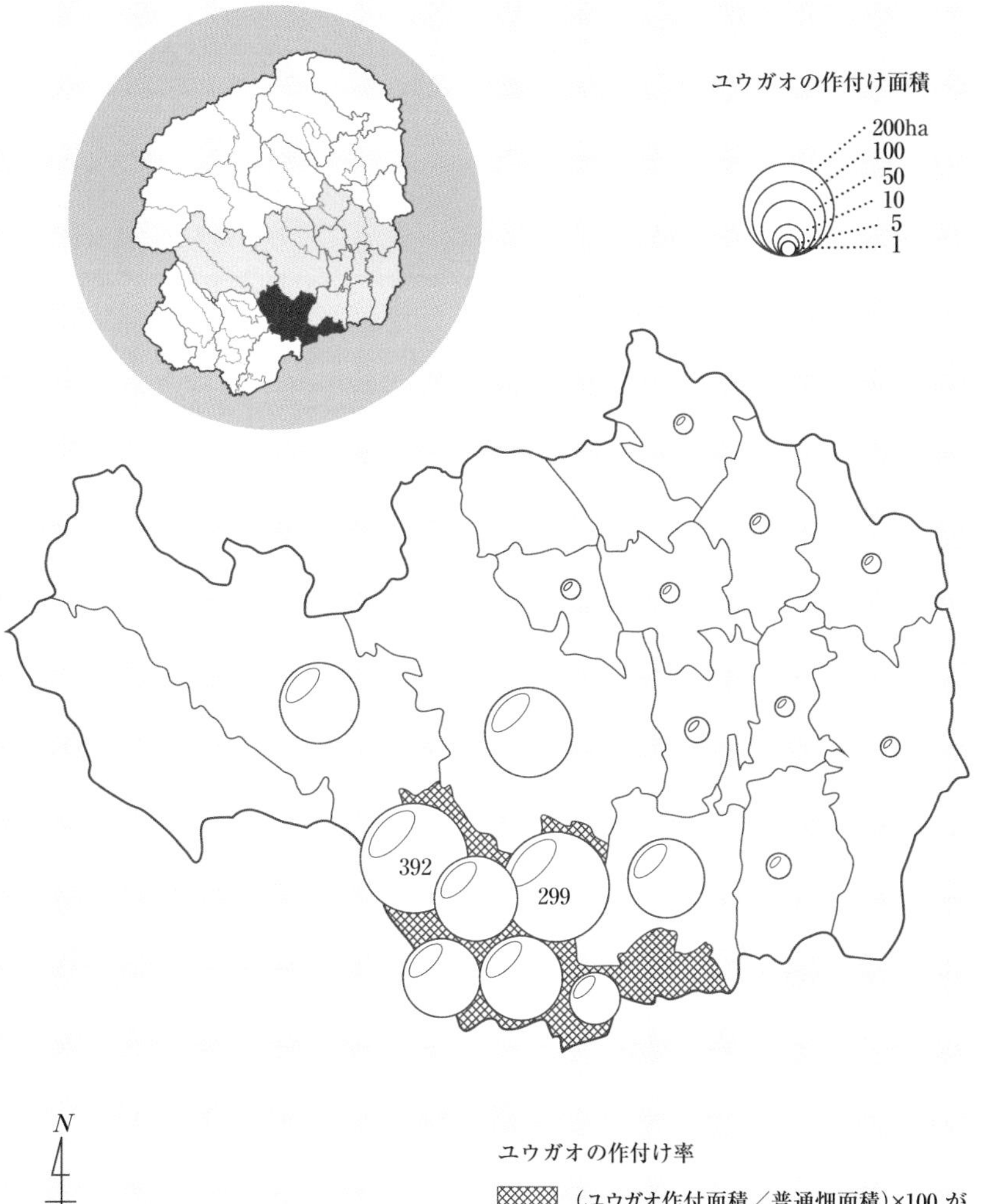

『日本地誌 第5巻 関東地方総論 茨城県・栃木県』
二宮書店　昭和61年（1986）より

麦畑が広がる岩舟町富田。遠くには晃石山

に天日にあてて干しあげる。したがってユウガオの成長時期はもちろん、カンピョウ干しの時期の雹嵐は、カンピョウ生産農家にとって実に厄介なものであり、雹嵐除け信仰が盛んになった。この地域の雹嵐除けは、麻栽培地域同様に、ライ神社を祭祀している場合は、ライ神社の祭りで雹嵐除けを祈願し、その後、板倉の雷電神社に参拝するといった形をとる所が多い。なお、ユウガオ栽培地域では、麻栽培地域で行っていた梵天を奉納して行う天祭にかわり、神社境内のご神木に旗を掲げて雹嵐除けを祈願するもので、旗およびその行事をテンパタ（天旗）と称している。

D 麦の栽培地域における雹嵐除け祈願

栃木県での麦の栽培は、以前は麦飯や味噌の原料となる大麦とウドン粉の原料となる小麦であった。麦の栽培地帯は、平野地帯に広がる火山灰台地上の畑作地帯と、県南地方の水田裏作に麦を栽培する二毛作地帯である。麦の収穫は、六月下旬から七月上旬である。この時期に雹嵐に襲われると麦が倒伏してしまい、すぐに刈り取らないと芽がでてしまう。そうしたことから雹嵐は、麦作を全滅しかねず、あらかじめの雹嵐除け祈願は大事な風習であった。

ひとくちに県南地域といっても広く、この地域では参拝する神社が南東部、南西部など地域によってことなる。東南部の場合、ご利益がある神社は樋口の雷神

開花期の梨畑
芳賀町稲毛田

社が広く知られるが、益子町など一部の地域では加波山神社へ参拝する場合がある。樋口の雷神社については後ほど詳しく述べる。加波山神社は、茨城県の加波山に鎮座する神社で、嵐除け疫病除けに霊験あらたかとして信仰されている。栃木県内では芳賀地方を中心に加波山信仰が盛んで、各地に加波山講が組織されるとともに、カバサンサマ（加波山様）と称する加波山神社から巡行してくる神輿のムラ回りがある。加波山に近い益子町山本大郷戸では、旧暦四月八日に加波山の「総のぼり」と称して集落の加波山講の者全員で加波山にお参りする風習があり、嵐除けのお札をいただいてきた。お札は篠竹の先に挟んで嵐除けとして各家の畑や苗代、および集落内の道の辻々に立てた。

一方、県南西部地域ではもっぱら板倉の雷電神社へ参詣したものである。こうした中にあって県央地域と県南地域の狭間となる上三川町や南河内町などでは、樋口の雷神社へ参詣する場合があれば平出の雷電神社へ、あるいは板倉の雷電神社へそれぞれ参詣したものである。

Ｅ 梨の栽培地域における雹嵐除け祈願

栃木県における梨の栽培は、明治期になってから行われたもので、当初は芳賀町から宇都宮市東部一帯の台地上である。梨の花が咲き、実を結び、収穫できるのが八月下旬から九月である。開花期と果実の成長期に雹嵐に襲われると梨の成長はもとより良質な梨の収穫に支障をきたす。梨栽培地域では、月次の加茂神社、あるいは平出の雷電神社へ雹嵐除けの祈願をしたものである。芳賀町芳志戸《ほうしど》の梨栽培農家では、以前は月次の加茂神社へお参りしたが、昭和四〇年頃から宇都宮市平出の雷電神社にお参りし雷除けの神札をもらってくるようになった。

②受けて来たお札の処置

月次の加茂神社や平出の雷電神社、樋口の雷神社、板倉の雷電神社では、講中の代参者が参詣してお札を受ける場合は、大小二種類のお札を受ける習わしがある。これを受けた代参者は、地元に帰るとまず、大きいお札を地元のライ神社へ供え、神社を有しない場合は、集落内の要所に竹竿の先に挟み突き立てた。もう一方の小さなお札は、各家に配布し、各家では同じように竹竿に挟み自家の田畑に突き立て雹嵐除けを祈った。

鹿沼市上石川では、小さいお札を取り付ける竹竿の高さを二メートル三〇センチくらいにし、この高さまで麻が雹嵐に遭わずにまっすぐ育つようにと祈ったという。お札の高さに麻の成長の願望を託したもので、麻栽培地域では上石川と同じようにしてお札を立てる風習がある。

集落内に立てた板倉の雷電神社のお札
宇都宮市幕田

宇都宮市幕田の場合、北、南、東の三地区からなり、各地区より選出された当番二名、計六名が正月明けに合同で板倉の雷電神社に参拝しお札を受けてくる。受けるお札は、地区内に立てる分だけで北部二枚、南部三枚、東部二枚で、帰宅後、当番がそれぞれの地区の所定の場所にお札を竹の先に挟み立てる。

コラム

古いお札の処分について

大抵の家では神棚を設け、大神宮（伊勢皇大神宮）や恵比須大黒天などの神様を祀り、各地の神社から受けて来たお札などを貼ったりする。一年のうちには数枚のお札がたまり、田畑に竿の先に挟んで突きたてたお札も風雨にさらされて傷む。そうした古くなったお札などを集め、翌年の一月一四日ないし一五日に行うドンドン焼き（栃木県では、この他にドンド焼きとか鳥焼きなどともいう）と呼ばれる聖なる火でお焚きあげするのが一般的である。しかし、家によっては俵の中に入れ、屋根裏において保管して置き、屋根替え（藁屋根の家の場合）や家の取り壊しの際にお焚きあげするといった場合もある。

【事例】　雹嵐除けに霊験あらたかな神社への参拝

◎馬頭町矢又

・総代が八溝山にお参りしお札を受け各戸に配る。そのお札を神棚に供え雹嵐除けとする。

・旧暦六月二五日頃、当番が鷲子《とりのこ》山上神社《さんしょうじんじゃ》（通称　鷲子山）にお参りし、お札を受けてくる。各郷の境に輪ジメ（輪状のしめ縄）と鷲子山のお札を刺した篠竹を立て、嵐除け、虫よけを祈る。

・当番が月次のナルイ様の祭礼にお参りしお札を受けてくる。このお札を各家に配り、各家では神棚に供え雷除けを祈る。

◎湯津上村上蛭田

・五月から九月の間に一度、一五日の日に二人一組の代表者が月次の加茂神社に参拝し嵐除け、落雷除けを祈願した。代表者の弁当代、受けてくる四枚のお札の費用は、各戸均等割り当てで、代表者が参拝前に各家より費用を集めた。お札は村の周囲四ケ所に竹の棒の先に挟み立てた。

・個人で加茂神社へお参りする者もおり、受けて来た雹嵐除けのお札を苗代の水口に、嵐除けの札を竹に挟んで立てたりした。

◎塩谷町川村

・雷神社の祭りをライジン様のオヒマチともいう。祭礼の後に、氏子たちが当番宿に集まり床の間に月次の加茂神社より受けて来た掛け軸をかけ雹嵐除けなどを祈願。

・昭和一五・六年頃まで、月次のナルイサマから雨乞いおよび雹嵐除けのお札を受けてくる。川村から月次まで一一里あったが徒歩で出かけた。

◎鹿沼市上石川

・板倉の雷電講が組織され、春、麻播きの前ぐらいになると、これらの各組より一人ずつ順回りで選ばれたモトバン（元番、当番のこと）が出て、日取りを申し合わせ、雷電神社に参拝する。戦前は歩いて、昭和一五年頃には自転車も普及していたため、朝七時ごろに上石川を発てば、日帰りすることができた。池ノ森（鹿沼市）、羽生田（壬生町）、金崎（西方町）などを経て、例幣使街道を南へ下ったものだという。早くから東武鉄道も通っていたので、楡木駅より柳生駅まで列車を使うこともあった。今は車で参拝することが多くなっている。

・雷電神社の門前の料理店で名物の鯰の天ぷらを食べたもので、それが参拝の楽しみであった。

・代表者は、参拝から帰ると、各家にお札を配る。それを各家では、竹の先に挟み田の水口に立て稲が無事育つように、あるいは麻畑や夕顔の畑の真ん中に立て麻や夕顔が雹嵐に会うことなく収穫出来るように祈った。

◎**西方村本城**

- 四月一日以前にオヒマチを実施、その折に板倉の雷電神社への代参者四人をクジで選出。五月一日に代表者が雷電神社へ参拝、大小のお札を受けてくる。大きい札は本城の雷電神社の祠の中に納め、小札は各家へ配布。各家では麻畑の中に笹竹に挟んで立てた。

◎**小山市鏡**

- 新暦五月一日の雷電神社祭礼の日に集落の鎮守社を掃除し、神事を執り行い。その後、村の人のほとんどが板倉に参拝に行った。
- 各人が受けてきたお札は大小二枚で、一枚は自宅の神棚にあげ、一枚は竹の先に差し込み畑、田に突き刺して雷除け雹嵐除けとした。

◎**益子町山本大郷戸**

- 旧暦四月八日は加波山の「総のぼり」と呼ばれた。以前は皆が加波山様に参りしてお札をもらってきたが、現在は部落長、または世話人が、御神酒、お金をもって加波山様へ行きお祓いをしてからお札を受けてくる。帰村後、お札を各家に配る。各家では、このお札をしの竹にはさんで畑や苗代、あるいは道の辻々にたてて嵐除けにするという。

四 恵みをもたらす神としての雷神信仰

1 雨乞い信仰

栃木県の雷神信仰の特色に雹嵐除け信仰があると述べたが、もう一つ、夏季の干天に慈雨を願う雨乞い信仰がある。

雨乞い信仰が盛んな地域は、県北地域の喜連川丘陵地帯、県央地域の東部台地一帯、県南地域の南西部思川・永野川下流域、県南東部小貝川流域である。特に県北地域の喜連川丘陵地帯、県南地域の南西部思川・永野川下流域は、日照りの害を受けやすく雨乞い信仰の盛んな所である。

なお、昭和三〇年代に入るとモーターで地下水を汲み上げる技術が発達すると、日照りの害に悩まされることも少なくなり雨乞い信仰も衰退していった。

① 雨乞い信仰を生み出した地域的背景

喜連川丘陵とそこに刻まれた大川の谷。ヘリコプターから撮影

雨乞い信仰が盛んな地域は、地形的に降雨に頼らざるを得ない台地あるいは山麓地帯であること、日照りが続くことによって水源が涸れやすい地域であること、そして日照りによって被害を受けやすい農作物の栽培が行われていることがその背景にある。

A 県北地域の喜連川丘陵地帯

この地域は喜連川丘陵が北西から南東に連なり、その間に江川、荒川、大川などが流れる。江川、荒川、大川やそれらに注ぐ川沿いには低地が連なり水田稲作が行われてきた。一方、喜連川丘陵上およびそれに続く台地上では畑が広がり葉煙草や麦、陸稲などの栽培が行われてきた。

水田稲作の場合、水源は江川、荒川、大川から引いた用水、あるいは喜連川丘陵から湧出する小さな河川に求めたものである。一番大きな荒川の場合、水源地は標高一七九五メートルの高原山で冬季の積雪量は山頂近くで約一・五メートルであり、五月上旬には残雪が無くなる。したがって梅雨時に十分に雨が降らないと水量が少なくなる。江川、大川の場合水源は、喜連川丘陵から湧出する水であり、したがってこの場合も梅雨時に雨が降らないと水量は少なくなる。こうしたことから喜連川丘陵一帯では、各所に灌漑用の水溜を構築し日照りに供えたものであ

喜連川丘陵の谷に築かれた灌漑用の溜池。南那須町大和久

る。しかしそうした水溜も涸れるということになれば、降雨を祈願して雨乞いをするほかなかった。ともあれ、喜連川丘陵一帯では、荒川や江川、大川流域の低地に連なる水田地帯でも丘陵上からそれに続く台地の畑作地帯でも空梅雨になるとたちまち日照りの害を受けることになり、昔から雨乞いが盛んに行われた所である。

B 県南西部地域—思川・永野川下流域

思川、永野川下流域の県西南部地域は、西に足尾山地、東に宇都宮付近から続く台地、その間に思川、永野川等の沖積地が広がる。足尾山地からその山麓地帯の畑地では、麻が主要な作物として栽培され水源はもっぱら降雨に頼った。一方、山地に刻まれた谷間では、谷に湧き出す水を利用して水田稲作が行われてきたが、水量が不安定な所から各所に灌漑用の水溜を構築し日照りに供えたものである。台地では麻やユウガオ、麦などが主要な作物として栽培され、水源は降雨に頼らざるを他なかった。また、台地に刻まれた谷に連なる水田地帯では、台地から湧き出す水を水源として来た。

思川や永野川などの沖積地では、水田稲作と冬季の裏作として麦の栽培が行われてきた。水源は、足尾山地であるが、足尾山地は冬季の積雪量が少なく北部の標高千メートルを超す所で積雪約一メートルであり、南部の標高千メートル以下の所では根雪になるほどの積雪はない。したがって、梅雨時に日照りが続くと扇状地上を流れる思川や永野川では、水量を減らし水無川になるときもある。

このように思川、永野川下流域の県南西部地域では、足尾山地およびその山麓地帯、台地、沖積地を問わずに、空梅雨になると干害に悩まされ雨乞い信仰が盛んに行われてきた。

② 各地の雨乞い信仰にまつわる風習

雨乞いのことを雨ヨバリともいう。今回の調査では九三地区から雨乞い信仰の回答を得た。各地の雨乞い信仰をつぶさに見ると、雷神信仰の一環として行われるものがあれば雷神信仰とは関わり無く行われているものもある。たとえば前者の場合は、地元のライ神社ないしは霊験あらたかな神社へ雨乞い祈願にお参りするものであり、後者の場合は、池や沼などの水を掻きまわしたり、水を抜いてしまうなどのものである。ともあれ県内各地では実に様々な雨乞い風習が見られる。大別すると「雷神などへの祈願」「霊験あらたかなライ神社へのお水借り」「池や沼へ働きかける」「神輿や龍体を作り川の中でもむ」などの風習がある。

ところで、雨乞いは一か所での祈願、一回限りの祈願といったことは少ない。

後述する各地の事例のように、地元のライ神社へ参拝し、さらに霊験あらたかな神社へお水借りに行くなど様々な方法で雨乞いを行い、また、雨が降るまで何回も祈願をするというのが雨乞い信仰の特色でもある。というのも前に雹嵐除けの祈願について述べたが、雹嵐除けは、今年も襲ってくるかもしれない雹嵐を前もって除けようとする祈願であり、地元のライ神社にお参りするか、あるいは別に霊験あらたかな神社へお参りするくらいで終わる。それに対し雨乞いは現実に起きている日照りの害から逃れ、雨をもたらしてくれるようにとする祈願である。日照りという現実を目の当たりにする農民にとっては、見過ごすことの出来ない問題であり神頼みも必至となり様々な祈願を駆使し、あるいは何度も祈願を行うということになる。なお、日照りの害は、雹嵐同様に広範囲に及ぶことから雨乞いに霊験あらたかなライ神社への祈願をはじめ、様々な雨乞いの風習は、雹嵐除け同様に集落単位に行われたものである。

こうしてムラ人たちが協力して一生懸命に雨乞いをした結果、祈りが届き、雨が降ってきた時には、集落の代表者がライ神等へお礼参りをするとともに、農作業を休み、共同飲食をして互いに慰労したものである。なお、このことについては、後で詳しく述べたい。

【各地の事例】

◎黒磯市木綿畑

・各戸一人参加、雷神社、愛宕様、天王様の順でお神酒をあげ、千度参りとして社の回りをまわり、その後降雨を祈願する。朝行う。

・各家では門口で藁束を一束、朝夕一回ずつ燃やす。三日間くらい続ける。

・二～三日後に雨が降った際には、各神社にお礼参りに行く。お神酒を上げてくる。

◎黒羽町北野上

・御亭山《こてやさん》に集落の人が大勢して行き、山頂でマメタモウ　リュウオウヤ　ニシカラ　クモガタッテキタ　サッサト　フッテコイと何回も大声をあげた。

・帰り道、代表が綾織り池の水を棒でかき混ぜてくる。旧五月の田植え前に行った。

・雨が降った際は、オシメリカミゴトといい、一日仕事を休んだ。

◎大田原市羽田中坪

・八龍神社（羽田沼に棲んでいたという龍を祀った神社）に、各戸一人ずつ参詣しお神酒を供える。

・南那須のナルイ様に集落を代表して五～六人がお参りに行く。お札を受け、崖の途中に湧き出る清水を竹筒等に入れていただき、帰村後八龍神社にそれらをお神酒とともに供え降雨の呼び水とする。

- 願いが叶って雨が降った際には、オシメリカミゴトと称して、農休みとする。また、ナルイサマへのお礼参りとして、八龍神社近くの井戸から汲んできた水を竹筒に入れて持参しナルイ様へ供えてくる。

◎小山市下泉

- 「アマゴイベッカ」とか「ライデンベッカ」と言い雨乞いをする。各家から男が米二合を持ち寄り、公民館で精進料理を作って食する。経費はワリカン。
- この時に板倉の雷電神社に「水迎え」に行った。水は水筒に入れて持ち帰り、当地の用水の堰や巴波川に流し呼び水とした。

A 雷神などへの雨乞い祈願

雷神への雨乞い祈願では、地元のライ神社や鎮守社あるいは山の頂上などで、氏子がお神酒などを供え降雨祈願をするものである。しかし、多くは自分たちの願いをより強くしめすために、社殿の回りをセンドウ、マンドウなどと唱えながら何回もまわる、いわゆるセンドマイリ（千度参り）とかセンドウモウシ（千度申し）、センドガケ（千度掛け）、オヒャクド（お百度）などと称する行為を行う。

晃石（てるいし）山麓大平町西山田

唱え言葉は、「センドモウス　マンドモウス」、あるいは「センドウ　マンドウ」といったものが多いが、益子町七井では「アメタンポ　ザアザアとフッテコイ」、今市市針貝では、「オセンドウ　ロッコンショウジョウ　ナンマイダンボ」、黒羽町余瀬では、近くの御亭山《こてやさん》に集落の人が大勢して行き、山頂で降雨祈願をするが、その際の唱えごとは「アメタモウ　リュウオウヤ　ニシカラ　クモガタッテキタ　サッサト　フッテコイ」で、これを何回も大声で唱えたという。茂木町深沢では日照りが続くと星の宮神社で「アメタンコ　イワイヨ　ジャッジャッゴフッテコ」と唱えながらそれに合わせて太鼓をたたいて雨乞いをした。

　雷神への雨乞い祈願の際に太鼓を叩く所もある。大平町西山田では「雷電様の前で、朝から晩まで太鼓を叩き、これを雨が降るまで村中の男衆が交替で絶やさず続けた」、粟野町永野では「昼間　水ゴリをして、夜　鎮守の尾出《おで》山神社に泊まって、太鼓を叩いて　雨雲を呼ぶしぐさをした」。このように各地で太鼓を叩く風習があるが、太鼓を叩く意味合いは、太鼓を叩くことにより雷神の霊を呼び覚まそうとしたものと思われる。

　小山市や栃木市など県南西部地域では、日照りが続くと集落ごとにアマゴイベッカ（雨乞い別火）とかライデンベッカ（雷電別火）などと称し、集会所などに男たちが集まり白米飯を炊き煮しめなどを作り共同飲食し降雨を祈願する。な

平出の雷電神社の霊泉の跡

お、雨乞いの際にベッカと称して共同飲食をしながら神様に祈願する風習は県南西部地域特有のものである。また、県南西部地域では小山市下泉のように、オベッカの時に板倉の雷電神社に「お水借り」とか「水迎え」と称してお参りする所が多い。

B 霊験あらたかな神社へお水借りをする風習

お水借りとは、雨乞いに霊験あらたかな神社へお参りし、そこで湧きだす水を借り受けて地元に持ち帰り雨を招く呼び水として用水などに注ぐ風習である。雨乞いに霊験あらたかな神社には、月次の加茂神社、平出の雷電神社、茨城県樋口の雷神社、群馬県板倉の雷電神社があるが、これら神社に共通するのは、神社の境内にどんなに日照りが続いての枯れないという清水や沼があり霊水を得ることが出来ることである。月次の加茂神社の場合は、参道脇の崖の途中に清水が湧きだしており、平出の雷電神社の場合は、社殿下の台地と低地との境目に、樋口の雷神神社の場合も同じように台地と低地との境目に清水が湧き出し、板倉の雷電神社の場合は、社殿の西側に雷電沼（板倉沼とも）がある。なかでもお水借りにやって来るのが多いのが板倉の雷電神社と月次の加茂神社である。今回の調査では、板倉の雷電神社に行く所が一九地区、月次の加茂神社に行く所が一三地区

板倉の雷電沼

あった。

　ところで、雨乞いに霊験あらたかなライ神社への雨乞い祈願には、雹嵐除け同様に集落ごとに組織された講ごとに行われるのが一般的である。また、講での参拝もくじ引きなどで選出された代表者がお参りに行く場合、雨が降るまで代表者が交替で行く場合、全員で行く場合などがある。

　板倉の雷電神社へ行くという地域は、県南地域の南西部思川・永野川流域の人々である。小山市下泉における雷電神社へのお水借りについては、各地の事例で紹介したとおりである。野木町佐川野では「雨乞いは板倉の雷電様まで水とお札をもらいに行ってくる。もらって来た水を八幡様の池に注ぎ、雨がふるまで男の人が交替で「龍王、龍神、本神、ソワカ……」と言いながら雨が降るまで祈り、願いが叶って雨が降ったらお礼参りをする。小山市南和泉では、板倉の雷電神社へまず代表者が竹筒などを持参し沼の水を入れて持ち帰り用水に注いだ。それでも雨が降らない場合は、各戸一人ずつが参加して降雨祈願に行ったものである。大平町西山田小荷田では板倉の雷電神社へ代表者が夜の明けると共に歩いて行き、水やお札を

加茂神社の霊泉（鳴井）より水をいただく

いただいてきた。水は小荷田地内の用水池へ入れ、お札は用水池の中に竹竿にはさんで立てた。このように板倉の雷電神社に近い小山市や大平町などでは、雨が降るまでムラの人が交替、あるいは、ムラの代表者ないしは全員で雷電神社へお参りしたものである。

　南那須町月次の加茂神社へ雨乞いに行くのは、喜連川丘陵一帯から芳賀台地北部一帯、市町村名でいえば南那須町、烏山町、喜連川町、氏家町東部、高根沢町、芳賀町北部、市貝町北部、茂木町北部あたりである。加茂神社の場合、社殿へ上がる参道左側脇にどのような日照りでも決して枯れることのないといわれる清水が崖の途中から湧きだしている。加茂神社は、通称鳴井さんの由来となった音を出して水が湧き出る井戸があるといわれているが、その井戸というのがこの清水のことである。この話はいささか誇張しすぎるが、ともあれこの清水が霊水として信仰されているのである。

　事例で述べた大田原市羽田中坪では、地元の八龍神社へ降雨を祈願するとともに、加茂神社に集落を代表して五〜六人がお参りに行き、お札を受け、清水を竹筒等に入れていただき、帰村後八龍神社にそれらをお神酒とともに供えたものだという。願いが叶って雨が降った際には、オシメリカミゴトと称して集落中農作業を休み、また、加茂神社へのお礼参りとして、八龍神社近くの井戸から汲んできた水を竹筒に入れて持参しナルイ様へ供えてきたともいう。市貝町市塙前之内では、代表者二人が加茂神社に行ってオミズカリをして、その水をライデンサマの屋根にかけて、太鼓、鉦をならした。前之内から月次の加茂神社までは片道四里半、約二二キロメートルあるが、途中で小便をしてはいけなとされた。徒歩で行ったかそれとも自転車で行ったものか不明であるが、おそらく日帰りで行ったものと思われるが、とにかく大変なことであったに相違ない。一方、地元の南那須町月次では、加茂神社でのお水借りのお礼参りには、借りた倍の水を返すものだとされた。つまり竹筒一本分借りた場合は、二本分返す。また、近隣のムラでは、ニッサンマイリ（日参参り）と言い、雨が降るまでムラの代表二人が竹筒持参で交替でお水借りにやって来たともいう。

なお、栃木県内におけるお水借りの風習は、ここで述べた月次の加茂神社、板倉の雷電神社、その他、平出の雷電神社、樋口の雷神社に集中するが、烏山町下境のビンミズ神社（通称ビンミズさん）にもお水借りの風習が伝えられている。下境は葉煙草栽培の盛んな所で、雨が降らない時はオミズカリと称してビンミズ神社にお参りし、池の水を竹筒に入れてきて畑にまいた。そしてその池には、次のような話が伝えられている。「小木須と下境との間にビンミズ峠があり、そこにビンミズ神社がある。あるとき水戸黄門がそこを通ったとき、ノドがかわいたのでくぼ地にあった水を飲んだという。それ以来どんな干ばつにもそこの水は絶えないという」

C 沼や池などへ働きかける風習

沼や池などへの働きかけには、池や石の窪みに溜まる水を棒でかき混ぜる、池や沼や渕に物を投げ入れる、池や沼の水をかきだすなどの風習がある。ところで沼や池などには守り神として水神や弁財天が祀られ、あるいは水神が宿るとされることから、沼や池などへの働きかけとは水神や弁財天への働きかけでもあるといえる。

◆池や石の窪みに溜まる水を棒でかき混ぜる風習

この風習は七地区で確認できた。共通するのは大きな石の窪みに溜まった水や小さな池であり、しかも日照りになっても涸れないといい、その水をかき混ぜることである。大田原市親園の西八木沢龍王のデガマとは、那須扇状地の先端に点

池石の窪みに溜まった水、日照の際に水をかきまぜる

日光市寂光の池石

在する扇状地を潜り抜けてきた地下水が湧き出す小さな池である。黒羽町北野上田中内の人々が雨乞いに行った御亭山は、八溝山地の西端にある標高五一三メートルの山であり、綾織り池は、頂上付近にあり椀貸し伝説や蜘蛛の綾織り伝説で知られる池である。近年は周囲が埋め立てられ直径が数メートルの小さな池になってしまったが、それでもともとあった池とて伝説のような広々と底の深い池ではない。ともあれ石の窪みあるいは小さな池にもかかわらず日照りが続いても水があるということは、そこには水神が宿る所とされ、しかも、そこに宿る水神は、水に対し異常な霊力を持ち雨乞いに霊験あらたかとされたものである。そうした窪みや池の水を棒などでかき混ぜることは、そこに宿る水神の霊を呼び覚ますことによって降雨を期待したものとも思われる。

【各地の事例】

◎**日光市寂光の池石**　田母沢の上流寂光にある大岩、窪みに溜まった水をかきまぜると、雨が降るという。

◎**那須町宇田島**　那須御用邸の近くに窪みのある大きな石があり、この石の窪みに溜まった水を小枝でかき混ぜる。各戸一人参加。

◎**大田原市親園**　各戸一人ずつ参加し、西八木沢龍王にあるデガマ（湧泉）に行き棒などでかきまわしてくる。

◎**黒羽町北野上田中内**　御亭山の綾織り池の水を棒でかき混ぜてくる。

◎**河内町立伏**　門前トヤ（鳥屋・鳥を捕獲した施設があった所）の中腹に池がある。昔、竜が降りてきて伏せて水を飲んだという。それ以来この池は涸れることがないといい、干ばつの時はこの池の水をかきまぜて御神酒をあげると雨が降ってきたという。「立伏」の地名は本来「竜伏」の字があてられたという。

◎**宇都宮市大谷町戸室**　戸室山神社境内に小さな池があり、この池の水が絶えたことはなく、この池の水をかきまわすと必ず雨が降るという。

◎**宇都宮市新里町**　鞍掛山の頂上付近に池があっていつも水がたまっている。この池をかきまわしてくると必ず雨が降るという。

◎**鹿沼市上石川**　日照りの際には、板倉の雷電神社へお水迎えに歩いて行った。帰参後、弁天池へ板倉の雷電神社より迎えて来た水を注ぎ、かきまわすとともに池の周囲を「センドウモウシ　マンドウモウシ　アメフレバオシメリゴト」と唱え回った。

◆池や沼に物を投げ入れる風習

この風習は四地区で確認できた。ただし、塩原町と大田原市上石上の場合、ともに対象となる沼は高原山中にある大沼である。したがって対象となる池・沼は三か所である。そのうちの高原山中の大沼は、標高約九五〇メートルの山中にあり、塩原地内からも結構な距離があり、ましてや大田原市上石上からは徒歩で日帰りがやっとの距離である。なお塩原町の場合、大沼への雨乞いは、逃げられないムラのお付き合いであったといい、大沼への雨乞いは、相当熱の入ったものであったことが窺える。藤岡町東赤麻の場合は、池の中に地元の寺の鐘をぶち込むもので、この場合も普通では出来ないことを行っているので熱の入った雨乞いであったと思われる。粟野町永野山口の場合は、集落内を流れる永野川の釜ケ渕に物を投げ込むもので、そうすると天気が荒れる、つまり風雨が強くなるという。

池や沼、渕には、水神が宿るという信仰がある。こうした所に物を投げ込むことは、前述の水をかきまわす同様に水神の霊を呼び覚ますことによって降雨を期待したものと思われる。

【各地の事例】

◎藤岡町東赤麻　大前のライデンサンの中にオイケがある。雨乞いの時は、こ

大平町西山田池上の弁天池

の池に寺の鐘をぶっこむと雨が降ってきたという。

◎**塩原町　塩原町大沼**　蓑、菅笠を身に着け、ヒグツ（背負い袋）を背負い、川の石を持って行って沼に投げる。集落で一〇～一五人が組を作って実施。これはゴジョウイ（逃れられないお付き合い）だった。

◎**大田原市上石上**　高原山の大沼の所にある大スリバチ、小スリバチに行き、石などを投げ入れお神酒を供える。

◎**粟野町上永野山口**　釜ケ渕へ物を投げ込むと天気が荒れる。

◆**池や沼の水をかきだす風習**

この風習は八地区で見られる。池や沼の水を「かきだす」、「さらう」、「掃除する」ということであるが、つまりは池や沼の水を抜いてしまうことである。八地区のうち大平町西山田池上、同町神之倉、栃木市皆川城内字城山は、足尾山地東南の山麓に、那須郡馬頭町富山は八溝山麓にそれぞれ位置し、ともに水田の水源は足尾山麓および八溝山麓に刻まれた小さな谷に構築された溜池である。一方、石橋町中大領、小山市塚崎は、台地と沖積地の織り成す所にあり、石橋町中大領の場合は、水田の水源は姿川を、小山市塚崎の場合は、台地に刻まれた小さな川を水源とする。

いずれも水源は浅く空梅雨になると日照りの害を受けやすい所であり、そのために山から流れてくる小河川、台地から湧き出す水を堰き止め灌漑用の溜を構築し日照りの害に供えてきた。その貴重な灌漑用の溜の水を雨乞いと称して抜いてしまうということは一体どういうことなのであろうか。大平町西山田池上では、灌漑用の池の中にある島に守り神として弁天様を祀っているが、雨乞いの時には、この弁天池の水を抜いてしまう。そうすると女神である弁天様は、池の水が無くなると乱暴な雷神がやってくるので近づけないようにと慌てて雨を降らすのだという。この話はいささか笑い話的であるが、貴重な池や沼の水を抜いてしまうことは、切羽詰まった土地の人の気持ちを弁財天をはじめ池や沼の水神に伝え、水神の霊を呼び覚まそうとしたものに他ならない。その点では前述した池や沼をかきまわす、物を投げ入れるなどと同類の意味合いと思われる。

【各地の事例】

◎**大平町西山田池上**　雨が降らぬ時は弁天池のセキをきって水を田に流す。こうすると三日もたたぬうちに雨が降るという。弁天様は女神だから、池の水がなくなると乱暴な男神である雷電様がやってくるので、あわてて雨を降らすのだという。

◎**大平町富田神の倉**　近くに大小二つの池があり、日照りの時は池さらいと称して農家の人々だけが総出でこの二つの池の水をさらう。すると必ず三日の内に雨が降った。

◎**石橋町中大領**　日照りの時には、雷電神社の沼を抜いて掃除した。

◎**那須郡馬頭町富山**　日照りが続くと村の人々が集まり諏訪神社のご神木の所に行き、木のてっぺんに白い旗を吊るし、次いで神社の脇にある水をきれいに汲み出し、雨がふるようにと御祈祷したという。

◎**栃木市皆川城内字城山**　厳島神社の水をかきだす。

◎**小山市塚崎**　雷電神社の水をかきだす。

◎**小山市大谷野田**　雷電様の池の中でくみだし、当番世話役が板倉から水をもらってきて、水を入れるという。

◎**芳賀町祖母井**　池の水を抜き底の土をさらう。

D 神輿や龍体を川の中でもむ風習

神輿や龍体を川の中でもむ事例は、一〇地区で確認できた。このなかでご神体や神輿をかつぎ出す事例は六地区。龍体および蛇体を担ぎだす事例が四地区である。ご神体や神輿の場合、ライ神社が四地区、ライ神社以外の神社（大神宮、大杉神社、天王社）が三社で必ずしもライ神社のご神体とは限らない。龍体および蛇体は、麦藁と材料が示された所は小山市大谷野田だけであるが、他の地区も雷の季節を考えると麦藁であったかと思われる。

ところで、ご神体や神輿を川に担ぎ入れそこでもむのは、池や沼などへの働きかけと基本的には同じ意味合いのものと思われ、神様を川の中に入れ込むことによって神霊を呼び覚まし降雨を祈願したものと考えられる。一方、龍体や蛇体を作り川の中に入れ込むことは、龍や蛇は雨を呼ぶといわれたり、水神とされることなどから、川の中に龍体や蛇体を担ぎこむことによって龍や蛇の霊力を呼びさまし降雨を祈願したものと思われる。

【各地の事例】

◎**馬頭町矢又下郷**　矢又の中郷に祀られている通称大神宮様の祭日に石のご神体を木で結わえつけて担ぎ、郷内を流れる武茂川の中に入れてもむ。

◎**宇都宮市下栗町**　大杉様の神輿を近くを流れているムナセ川でかついだ。

◎**小山市千駄塚**　雷電神社の社殿をかつぎあげて、「ロッコンショウジョウ」と唱え水をかけたり、あるいは社殿を近くの思川まで運び、水の中に入れて、「ロッコンショウジョウ」と唱えた。夜になると宮ごもりをし、雷電神社に「サンゲ　サンゲ　ライデンジンジャ」と唱え水をかけて夜を明かした。

◎**小山市乙女上**　雷電神社の神輿を若衆がかつぎ出し、各家では水を汲んでおき、これを神輿にかけた。

◎**小山市大谷野田**　雨が降らない時はリュウモミをした。リュウモミは藁で龍体をつくり、男たちが裸でかつぎ一戸一戸まわるもので、家々では水をかけてやる。

◎**小山市南和泉**　蛇体を作りかついで歩く。

◎**野木町野木**　樽で作った天王様の神輿めがけて水をかけ雨ごいする。

◎**上三川町本郷**　アマヨバリと称し「センド　センド」と唱え神社をまわったり、天棚を設置し、そのまわりをムラ人がゴライゴウ（御来迎）といいながら神仏を迎え降雨を祈願する。それでも雨が降らないときは，雷電神社の御本尊を田川の中でもみ神社近くまで上がっていく。

◎**南河内町薬師寺**　雷電神社の境内に桶がある。日照りの際、桶に水を溜め、その中に藁で作った龍を放すと必ず雨がふるという。

◎**茂木町牧野西《まぎの》**　賀茂明神に祈願して、龍を作り、那珂川でもんだ。

三 その他の雨乞い風習

以上は県内各地で見られる代表的な雨乞いの風習であるが、その他にも興味深い風習があるので紹介したい。黒磯市木綿畑《きわたばた》では、雨乞いとして麦わらを燃やす風習がある。燃え盛る麦わらから出る煙によって雷雲の発生を促すものであろうか。鹿沼市板荷大原の獅子舞は、「雨ヨバリの獅子舞」と呼ばれ獅子舞をすると雨が降るといわれた。ところで獅子舞は悪疫退散を願うものであり、一般的には、雨乞いの風習とはなじみがない。板荷大原では、獅子舞上演日に雨が降ったといったことが重なったために雨ヨバリ獅子の異名がついたものか。ともあれ近隣にも大原の獅子舞は、大原の雨ヨバリ獅子舞として知られていた。小山市鏡では「相撲をすると雨が降る」といわれたが、他のライ神社でも祭礼に相撲を実施する所が多い。力強い相撲は雷鳴をとどろかす雷神にふさわしい行事と捉えられたのかもしれない。なお、月次の加茂神社では「ナルイ様は相撲が嫌いだ」といい相撲を行わないという。馬頭町大山田上郷の瀬垢離《せごり》とは、より念入りな潔斎であり、雷神に対する強い祈願の表れとみることが出来る。湯津上村上蛭田のように地蔵尊に雨ごいをする風習は珍しく、地蔵尊に対する幅広い信仰の表れであり、また、念願叶った時に唱えた雨降り念仏も珍しく他では聞かない。

【各地の事例】

◎**鹿沼市板荷大原**　当地の獅子舞は、雨ヨバリの獅子舞で、大原の雨降り獅子と呼ばれる。

◎**小山市鏡**　相撲をすると雨が降る　雷電神社の鳥居にのると雨が降る。

◎**馬頭町大山田上郷**　上郷地内の武茂川でセゴリ（瀬垢離）と称し、真っ裸で川の中を歩く。昭和一〇年頃まで実施。

◎**湯津上村上蛭田**　雨が降らなくて困った時、地蔵さまを十二天さまの池に雨が降るまで浸しておく。雨が降ったら、お礼に婦人会が次の通りの念仏をする。

〈地蔵尊　雨降り念仏〉

又もや日てりの年あれば　雨を降らして賜れど　鎮守の清水に浸されて　祈願をこめて祈らるる　さても不思議な　地蔵尊　かねもとろくるいんでんに　たちまち雷模様して　火のつくような雨降りし　しぼみし作物蘇る山と山と喜びただならず　地蔵様を引き揚げて　もとのお堂に納めらる　お地蔵様の縁日は　六月二四日にて　赤き衣を誂えて　念仏供養をいたさるる

ああ　ありがたき地蔵尊　ああ　ありがたき地蔵尊

③雨乞いが叶った時の風習

雨乞いをした結果、念願叶って降雨に恵まれた時の農民の喜びようは、都会に住む者にとっては計り知れないものがある。念願叶って降雨に恵まれた時には、各地の霊験あらたかなライ神社へのお礼参りをしたり、一生懸命に祈願をした仲間たちと喜びとそれまでの苦労を分かち合うために共同飲食をしたものである。

お礼参りの風習は、特に「お水借り」をした月次の加茂神社、平出の雷電神社、板倉の雷電神社、樋口の雷神社などに対して見られる。聖水を借りてきた各地の講中では、「倍返し」と称し、借りてきた倍の量の水を持参し、当番などが水を借りてきた神社へお礼参りに出かけたものである。一方、降雨に恵まれた際には、集落全体で申し合わせをして農作業を休み、共同飲食をすることも多く、当番宿などで行った。こうした雨乞い後の共同飲食をオシメリベッカとかオシメリヒマチ、オシメリカミゴトなどと称している。なおオシメリとは雨が降ったおかげで大地が湿ったことをいい、ヒマチ、ベッカについては、前に述べたとおりであり、カミゴトとは神事であり祭りを意味する。

【各地の事例】

◎**黒磯市木綿畑**　雨乞いをしてから二～三日後に雨が降った際には、各神社にお礼参りに行く。お神酒を上げてくる。

◎**黒羽町北野上**　雨が降った際は、オシメリカミゴトといい、一日仕事を休んだ。

◎**大田原市羽田中坪**　八龍神社に、各戸一人ずつ参詣しお神酒を供える。南那須のナルイ様に集落を代表して五〜六人がお参りに行き水を借りてくる。願いが叶って雨が降った際には、オシメリカミゴトと称して、農休みとする。また、ナルイサマへのお礼参りとして、八龍神社近くの井戸から汲んできた水を竹筒に入れてナルイ様に持参し供えてくる。

Ⅳ

雷にまつわる俗言・諺

かみなり県栃木には、雷の強弱や多寡についての予測や雷のやって来る方角などについての様々な言い伝えがある。先人の長い間の経験から、そのようなことが言い伝えられてきたのである。こうした言い伝えは、科学的にみれば根拠のないものもあるが、中にはなるほどと思わせ、今でも十分に通用する言い伝えもある。先人の自然観に驚かされる。

一　雷の強弱・多寡についての予測

雷の強弱や多寡についての予測では、九地区から回答を得た。ツツジの花で雷の強弱や多寡や山の雪の具合など自然の様子から予測するが四地区、正月や節分など雷の発生時期で強弱を予測するが四地区、その他一地区である。

1　自然の様子から今後の雷の発生を予測する

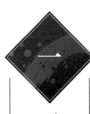

矢板市八方ヶ原のヤマツツジ

「ツツジの花が満開の時は、ライサマが強い」というように、ツツジの蕾の具合や咲き具合で雷を予測する場合、ここでいうツツジとはヤマツツジと思われる。ヤマツツジの花は日本全国の山野に自生し、古くから各地で五月前後に咲き誇るところから農耕開始の象徴とされていた。ツツジの蕾は、開花後の六月下旬から八月上旬に花芽分化期を迎え花芽の元が形成される。その時期に何らかの影響で蕾が形成されなければ、次年度花は咲かない。つまり、花が咲いた翌月頃には、次年度の開花状況はすでに決定されているのである。秋にツツジの蕾が多いことは、次年度ツツジの花が咲き誇る前兆である。ツツジの花が満開ということは、前年度の雨量も適度であり気候が安定していたことを表している。豊作であったに違いない。今年も、雷がもたらす降雨によって田畑を潤し豊作を期待する農民の気持ちがこのツツジの花の咲き具合から読み取ることが出来る。

「奥山に雪があると雹嵐が多い」とは、その年が寒く降雪量が多かったから奥山に雪、つまり残雪が多いことであり、そうした寒い冬ほど夏は暑くなるともいわれるように、雷が多いことを予想したものであろうか。

自然の様子から雷を予測する事例は少ないが、「雷の多い年は豊作」といわれるように、農民にとってその年の雷の多寡は大変気になるところであり関心は高かったと思われる。

【各地の事例】

◎**矢板市片岡後岡**　ツツジの花が満開の時は、ライサマが強い。

◎**小川町栄町**　一一月頃、山ツツジの蕾が多い年は、次の年カミナリが多く豊作である。

◎**南那須町月次**　オクヤマに雪があると雹嵐が多い。

2 雷の発生時期で雷の強弱を予測する

栃木県の雷発生の特徴は、夏季に集中ししかも強力な雷であることであり、反対に冬の雷は珍しい。こうした真冬の雷は、異常ともいえ、真夏の雷とは違った点で注目される。正月や節分、特に節分を基準に雷の強弱を判断する風習がある。

例えば、節分から数えて早い時期の初雷は、荒い、若いから荒いなどといい、活力に満ちていて強烈な雷を意味している。反対に節分から数えて遅い時期の初雷は、年取っているから弱い、おとなしいといい、雷の活力が衰えていて弱い雷を意味している。節分が初雷の威力の基準であることは、真冬に近くそれだけ異常な雷であり、異常であるから特別な力を持つとされたのだろうか。また、正月や節分が基準とされたのは、旧暦では正月と節分は同時期となり、寒さの極を迎えた時であり、それは春の到来を告げる時でもある。農民にとって、正月、節分は、農作業を進めていく上での目安ともなる。したがって作神ともいわれる雷が何時なりだすか気になる所であり、特に初雷は注目されるところとなったものと思われる。

【各地の事例】

◎**喜連川町上河戸竹宮**　節分から数えて早い初雷はあらい（荒い）、節分から数えて遅い初雷はおとなしい。

◎**市貝町市塙字前之内**　初雷サマが時期的に早いと今年はすごい。

◎**宇都宮市新里町**　節分から数えて早いカミナリは若いから、今年のカミナリはあらい、節分から数えて遅いカミナリは年取っているから弱い。

◎**鹿沼市酒野谷**　正月に雷が鳴ると「今年の雷は若い」と言われる。

3　占いによる雷の予測

大平町西山田池上でのある家では、節分の豆占いで雷の多い月を予想してい

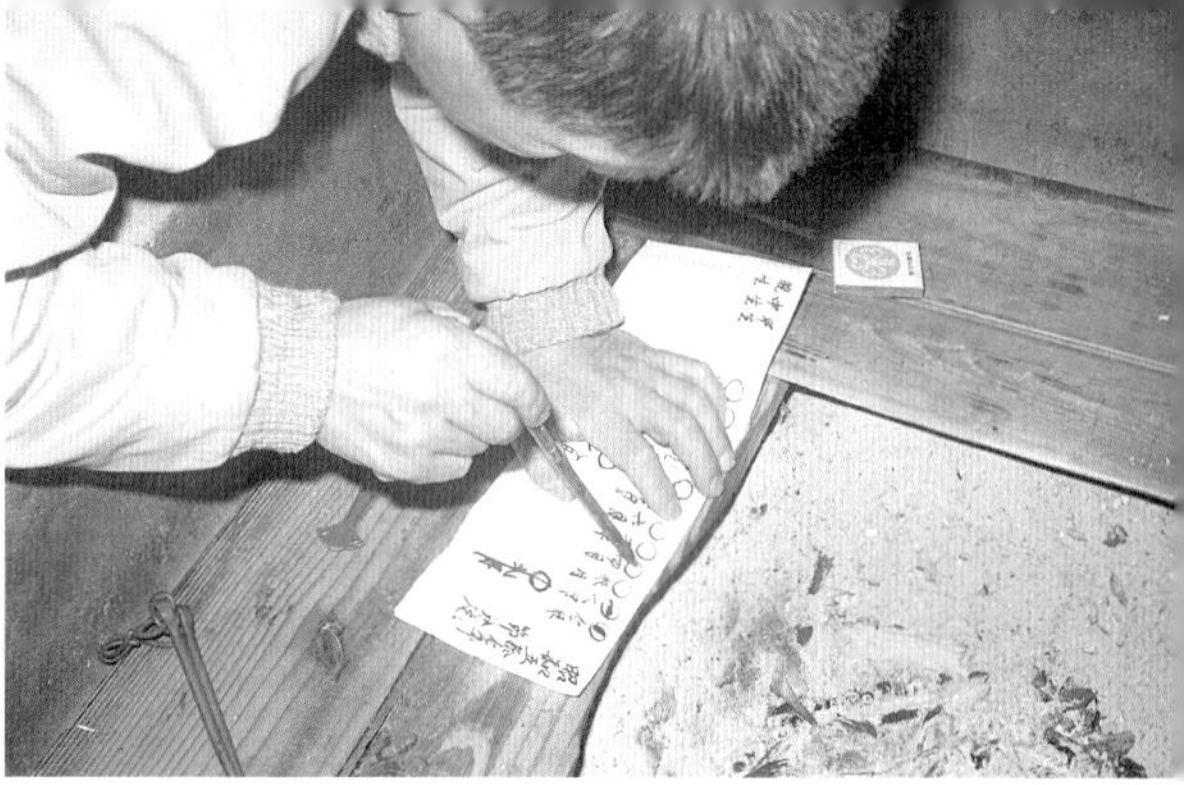

節分の豆占い
鹿沼市笹原田

る。節分の豆を一年一二粒用意し、これをイロリの火の周囲に置き、その焼け具合で月々の天候を占うもので、煙がなびいて出る豆の場合は風が強い、まっすぐ登ると天気、黒い煙が出ると雷が多いとされた。

二　雷が発生した時の進行方向、強さの予測

雷がやって来る方向やその雷の強さ到来にかかる時間などを予測することは、屋外での農作業に携わる農民にとっては大事なことである。まず何よりも落雷による感電を避けるためにも、また、雷が多発する夏季は、小麦の刈り入れやユウガオの収穫・カンピョウ剥き・乾燥、麻切りなどの畑仕事が盛んな時期でもあり、そうした農作業を進める上でも雷の発生は大いに関心を引く所である。こうした雷がやって来る方向などの予測に関する伝承は、長年の経験から得られたいわゆる農民の知恵と言うべきものであり、その中には現在でも十分活用できるも

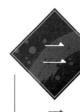

雷がやってくる方向

N
那須町大畑・沓石
八溝山
高原山
大田原市上石上
大田原市羽田中坪
湯津上村狭原
大田原市福原
塩谷町道下
喜連川町上河戸竹宮
小川町浄法寺柳林
男体山
塩谷町川村
矢板市片岡後岡
喜連川町大字
喜連川松田
小川町栄町
馬頭町
矢又下郷
市貝町文谷
鹿沼市笹原田
鹿沼市下南摩上坪
鹿沼市上石川
芳賀町西高橋字雷
壬生町福和田
石橋町中大領字雷電前
壬生町甲中通町
石橋町橋本鷺宮
大平町西山田池上
大平町牛久東岡
岩舟町鷲ノ巣
小山市下泉
佐野市船津川
○ フジニシという所
□ 高原山という所
△ 日光という所
◎ 八溝山という所
富士山
0
20km

のも沢山ある。県内各地で実に沢山の伝承が聞かれる。これもかみなり県栃木ならではのことである。

1 強くて速度の速い雷のやって来る方向

屋外で農作業をする農民にとって、一番の気がかりは、強くて速度が速い雷（雷雲）のやって来る方向である。これに関して、各地で様々な言い伝えがある。自分の居場所を基準として雷がやって来る方向をいう場合、自分の居場所を基準にして雷雲が発生した山を基準にして言う場合とがある。自分の居場所を基準にして方向を言う場合、県南地域では「フジニシ」と表現する場合が多く、また、単に南西方向ともいう。雷の発生した山を基準にしていう場合、強い雷がやって来る山として日光連山、高原山、八溝山がある。この場合、日光連山や高原山に発生する雷雲は、それらの山々から東へ移動する。つまりは、雷雲は西の方向からやって来るというわけである。このように栃木県内では、総じて南西ないしは西の方向から強くて速い雷はやって来る。これに対し東の方向から強くて速い雷がやってくるとする地域は、唯一、県北東部の八溝山に近い地域である。

①フジニシという所

鹿沼市上石川、鹿沼市下南摩上坪、鹿沼市笹原田、壬生町田中通町、壬生町福和田、石橋町中大領字雷電前、石橋町橋本鷲宮、芳賀町西高橋字雷、芳賀町稲毛田、大平町牛久東岡、大平町西山田池上、岩舟町鷲ノ巣、小山市下泉、佐野市船津川。

フジニシとは富士山が見える方向ということであり、その方向からやって来る雷は強くて素早くやって来るから気をつけろということである。栃木県の場合では県南西部地域では平地からも南西の方角に富士山が見えるが、芳賀町や宇都宮市、鹿沼市辺りになると平地からだとやっと見える状態で、小高い丘や高い建物に登らないと富士山は見えない。そうしたことからフジニシの言葉が確認できたのは、ほとんどが低地からも富士山が見える県南西部地域であり、鹿沼市上石川、鹿沼市下南摩上坪、鹿沼市笹原田や芳賀町西高橋字雷芳賀町稲毛田ではやっと富士山が見えるという地域である。

さて、フジニシの言葉は、富士山に発生した雷がやってくるというのではなく、富士山の見える方向からという意である。雷の多発する夏季は水蒸気が多く、栃木県内からでは富士山は容易に見ることはできない。しかし、冬季の澄み切った空のもとでは、富士山がはっきり見える。雷が多発する夏季、富士山をほとんど見ることが出来ないにもかかわらず、南西方向からやって来る強力で移動速度の速い雷のやって来る方向をあえてフジニシというのは、日本一の富士山の語を加えることにより南西方向からやって来る雷の特異性を強調しようとしたものではなかったろうか。それでは県南地域にやって来る雷の発生場所はどの山あたりであろうか。野木町や小山市、栃木市南部あたりからフジニシの方向といえば、まず秩父の山々があり、鹿沼市や芳賀町辺りでは、赤城山辺りの可能性がある。そこら辺が県南地域にやってくる雷の発生場所と考えられるが、いかがであろうか。

【各地の事例】

◎鹿沼市上石川　フジニシの方（栃木市の方）に出た雷雲は、三杯飯を食わぬうちに雷がやって来る。サンバイという。

◎小山市下泉・大平町西山田池上　フジニシにでた雷は、サンバイネと言い、刈り取った稲を三把まるき終わらないうちにやってくる極めて速い雷だ。フジニシ（サンバネともいう。富士山の方角）に出る雷は速いからすぐ家に引っ込め。

②南西・西から出た雷は強いという所

那須町字宇田島、湯津上村狭原、高根沢町桑窪和田、宇都宮市針ヶ谷町上坪、粟野町下粕尾、粟野町永野山口、芳賀町稲毛田、石橋町川中子、石橋町箕輪、足利市板倉町。

強い雷が来る方向は、圧倒的に南西および西の方角である。富士山が見える場所では、フジニシという言葉が用いられるが、南西とか西とかという所では、その多くが富士山が見えない所と思われる。少なくとも那須町宇田島、湯津上村狭原、高根沢町桑窪和田などの県北地域や、粟野町下粕尾、粟野町永野山口などの足尾山間地では富士山は見えない。一方、石橋町川中子、同町箕輪では、板倉からといっているが、この場合の板倉とは群馬県板倉町のことであり、雷電神社に対する信仰が篤いことから板倉と馴染みのある地名で呼ばれるようになったものである。つまりは、南西方向ということである。

【各地の事例】

◎高根沢町桑窪字和田　西から東のカミナリは強い。

◎足利市板倉町　西から来る雷は雨足が速い。南から来る雷は大水をもたらす。

◎石橋町川中子　板倉から来るライサマは小麦わら三把まるき(註)終わらないうち

註　「まるく」たばねること

高原山。上河内村下小倉より

に来る。

◎**石橋町箕輪**　板倉から来るカミナリは強い。

③雷雲の発生する山を基準とする所

強い雷が来る方向を山を基準としている所は、県北地域に多い。雷雲は上昇気流が強い山岳地帯で発生するので、高い山が望める地域では、山に雷雲がかかるのは目立つところであり雷のやって来る基準となる。強い雷雲が発生する山として高原山、男体山や女峰山などの表日光連山、八溝山がある。

高原山は、標高一七九五メートルの釈迦ケ岳をはじめ鶏頂山、西平岳からなる。高原山からの雷が強いとする所は、大田原市羽田池端坪、大田原市上石上、矢板市片岡後岡、喜連川町喜連川松田、喜連川町上河戸竹宮、塩谷町川村で、大田原市羽田池端坪、大田原市上石上は高原山の東に位置、矢板市片岡後岡、喜連川町喜連川松田、喜連川町上河戸竹宮は東南に位置、塩谷町川村だけ南に位置する。これを調査地から見ると、高原山からの雷は、西、および北西からの方向からやって来るというのが多く、塩谷町川村の場合のみ北からの方向から雷がやって来るということになる。

表日光連山は、男体山（二四八六メートル）、大真子山、小真子山、女峰山（二

表日光連山。宇都宮市古賀志御嶽山より

四八三メートル）などの山々からなる。栃木県では、奥白根山に次ぐ高い山の連なりであり、関東平野の奥に屏風のように聳《そび》えるところから夏季には上昇気流が強く雷雲の発生が盛んである。表日光連山からの雷が強いとする所は、那須町大畑・沓石、大田原市福原、小川町浄法寺柳林、喜連川町喜連川松田、喜連川町上河戸竹宮、塩谷町道下《ドウシタ》であり、表日光連山の東ないし東北に位置している。こうした地域を起点にして表日光連山に発生した雷のやって来る方向を見るといずれも西、ないしは南西方向である。つまり雷は、表日光連山に沿って西から東に移動しているということである。

八溝山からの雷は強いとする八溝山とは、栃木県と茨城県、福島県境に位置する標高一〇二二メートルの山で、八溝山地の最高峰でもある。八溝山からの雷は強いとする所は、那須町大畑・沓石、大田原市福原、馬頭町矢又下郷、湯津上村狭原、小川町栄町であり、いずれも八溝山の西側に位置し八溝山を取り囲むように位置している。八溝山からの雷の特徴は、大田原市福原で「八溝の雷はめったにないが、八溝のカミナリは、ニモッケといい一番恐れられた。嵐をもたらす」とあるように、風が強く風害をもたらすことにあるという。前に「あらかじめ被害にあわないようにとの信仰」の項で、「八溝山麓の旧黒羽町や旧馬頭町などでは八溝山の頂上に祀られる八溝嶺《やみぞね》神社（通称、八溝山）に参詣する風習がある」

と述べたが、八溝山に近い所では、風害によるところが大きかった。そこで八溝嶺神社へ風害除けに参拝したのである。八溝山からの雷のやって来る方向を調査地から見ると、那須町大畑・沓石の場合は、南東の方向から、大田原市福原、湯津上村狭原、小川町栄町の場合は、いずれも北東の方向から、馬頭町矢又下郷の場合は、北の方向からやって来るということになる。

【各地の事例】

A 高原山からの雷は強いとする所

◎**大田原市上石上**　西タケヤマ（高原山のこと）に発生した雷は、雹を伴い一番強い。西タケヤマに発生した雷は、麦わら三把刈り終わらないうちにやってくる。

◎**大田原市羽田池端坪**　高原カミナリは強いから逆らうな。

◎**矢板市片岡後岡**　高原雷《らい》は強い　日光雷は弱い。

◎**塩谷町川村**　高原山に発生した雷は荒い。

◎**喜連川町喜連川松田**　那須・高原から。

◎**喜連川町上河戸竹宮**　高原、那須、日光からの雷が多い。

B 日光からの雷は強いとする所

◎**那須町大畑・沓石**　八溝雷、筑波雷、日光雷、那須雷のどれもが来る所で、雷が多いので雷神社を祀った。

◎**大田原市福原**　普段やって来るのは、日光、高原雷。

◎**小川町浄法寺柳林**　日光雷は早くて強い。東（八溝）からのも強い。

◎**喜連川町上河戸竹宮**　高原、那須、日光からの雷が多い。

◎**塩谷町道下《どうした》**　日光雷を受けることが多い。地理的に近い高原雷は矢板方面に落ちたという。

◎**市貝町文谷**　日光雷をサンバイといい、強い。

C 八溝山からの雷は強いとする所

◎**那須町大畑・沓石**　前述の通り。

◎**大田原市福原**　普段やって来るのは、日光、高原雷。八溝の雷はめったにないが、「八溝のカミナリは、ニモッケ」といい一番恐れられた。嵐をもたらす。

◎**馬頭町矢又下郷**　八溝からの雷は嵐をもたらす。

◎**湯津上村狭原**　八溝夕立は、強い。

◎小川町栄町　八溝からの雷早くて強く、風をともなう。

D その他

◎黒磯市箭坪　黒滝山に雷雲がでると麦束三把刈る暇がない。

◎河内町叶谷　三盃山に雲が出ると飯三杯食べ終わらないうちに雨が降る。

◎鹿沼市酒野谷　タカトヤ山上（南南西の方向）に黒い雲が出るとすぐに雷が来ると言われ、御飯サンバイ（三杯）食べ終わらないうちに雷が来る。

◎大平町富田神ノ倉　雷電神社の上あたりに雷がでると雨がすぐ降ってくる。

2 サンバイについて

強くて速くやって来る雷をサンバイという所がある。サンバイについては「稲三把まるき終わらない内にやって来る」とか「ご飯三杯食べ終わらない内にやって来る」等といい、そうした雷雲の速度が速くて強力な雷をサンバイといい気をつけろともいう。ところでサンバイとは、いったい何なのか、興味あるところである。これについて山中清次は、「栃木県南地方における雷神信仰」『民俗学評論第15号』の中で、「サンバイ信仰」と題して小島瓔礼《よしゆき》氏の考えを引用しながら

サンバイ

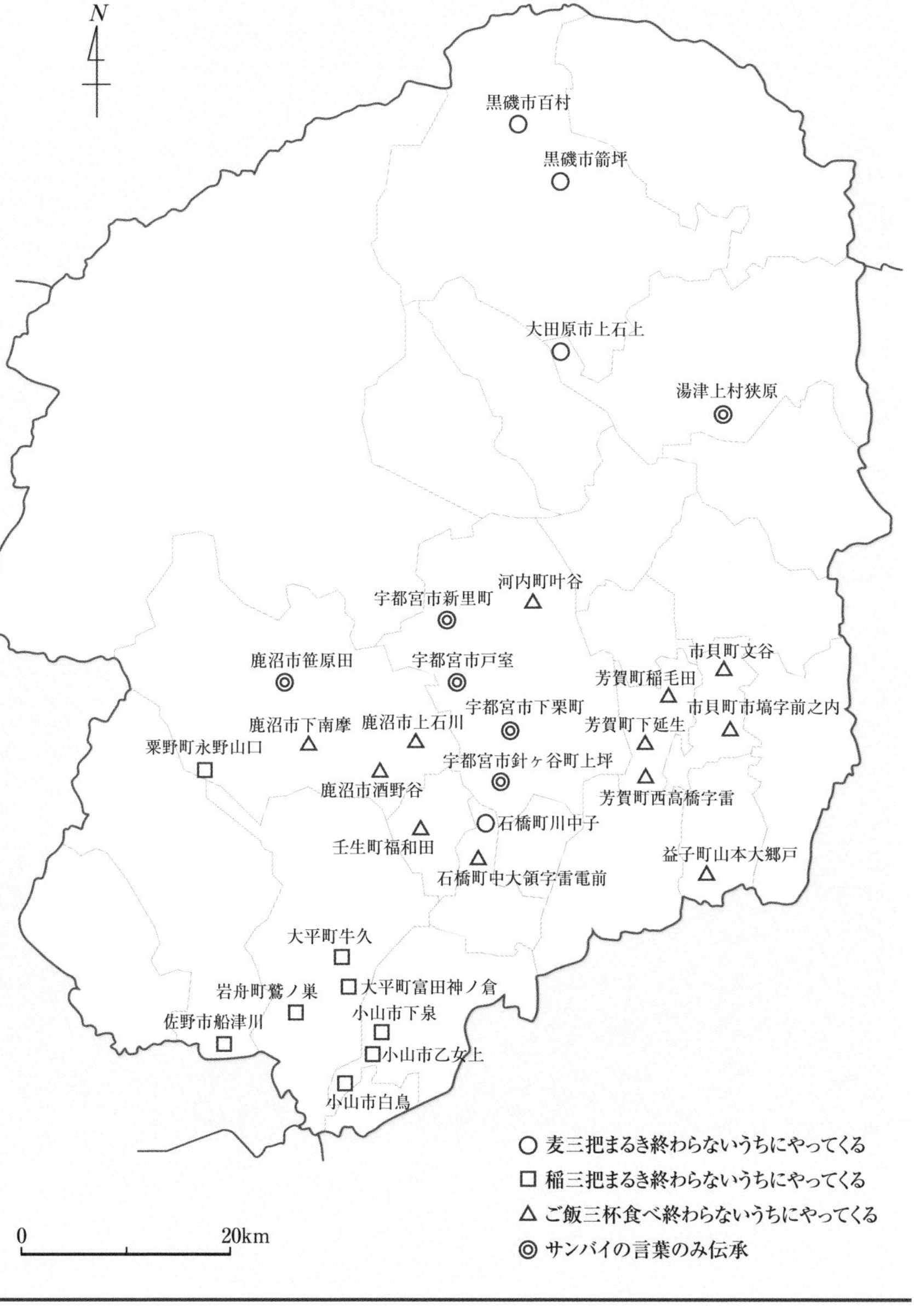
N
黒磯市百村
黒磯市箒坪
大田原市上石上
湯津上村狭原
河内町叶谷
宇都宮市新里町
鹿沼市笹原田
宇都宮市戸室
市貝町文谷
芳賀町稲毛田
宇都宮市下栗町
市貝町市塙字前之内
鹿沼市下南摩
鹿沼市上石川
芳賀町下延生
粟野町永野山口
宇都宮市針ヶ谷町上坪
鹿沼市酒野谷
芳賀町西高橋字雷
石橋町川中子
壬生町福和田
益子町山本大郷戸
石橋町中大領字雷電前
大平町牛久
大平町富田神ノ倉
岩舟町鷲ノ巣
小山市下泉
佐野市船津川
小山市乙女上
小山市白鳥
○ 麦三把まるき終わらないうちにやってくる
□ 稲三把まるき終わらないうちにやってくる
△ ご飯三杯食べ終わらないうちにやってくる
◎ サンバイの言葉のみ伝承
0
20km

傾聴すべきことを述べられているので、少々長くなるが紹介したい。

「小島瓔礼氏は『日本民俗学』98『サンバイ信仰の問題』で論を述べられておられるが、その中で、中国・四国地方では、サンバイは田の神とであると考えられ、年に数度祀られるという。また、稲の虫サンバとも関連しているとも説明している。氏が『田植えと御霊信仰』の項で『田植え儀礼が、稲の虫をまつるだけであったとはいえない。苗代田の播種以来の田の神様の祭場を本田へ移動するということも考えられる。と同時に雷神信仰を含めて、御霊信仰的な側面が、この田植え儀礼にはあったのではあるまいか。稲の虫を駆除し、雷神の霊威を期待して、稲の豊作を願うのである。サンバイ信仰は、田植え儀礼の御霊信仰的側面が発達したものではないか』と述べていることに注目したい。

栃木県のサンバイ（サンバイネ）は、小島氏の論を裏づける資料の一つになるのではなかろうかと考えている。本県のサンバイは、雷がよく来る方向をさし、雷は、稲にとって大切な雨をもたらしてくれるものであるから、サンバイは稲霊（サンバイ）がくる方向をいうのではなかろうか。また、小山市付近では『雨が多いと米がとれる』とか『雨が落ちた後、虫がつかない』という俗信も、サンバイ信仰の稲の虫サンバイと関連がありそうである。

このサンバイ信仰については、本県だけではなく北関東・東日本といった地域からながめなければならないので、今後の研究課題の一つになろう」と述べ、本県のサンバイは、雷がよく来る方向をさし、雷は、稲にとって大切な雨をもたらしてくれるものであるから、サンバイは稲霊（サンバイ）がくる方向をいうのではなかろうかと述べている。

ここでは、山中清次の考え方に注目しながら、栃木県および隣接地域に伝承されるサンバイについてサンバイの語の分布、サンバイが指す方向、サンバイの語の由来についてみたい。

① 栃木県におけるサンバイの伝承

サンバイの伝承があるのは、県北地域では大田原市上石上、湯津上村狭原だけであり、その他は鹿沼市や宇都宮市、芳賀町、市貝町などより南の県南地域で使われている。

また、サンバイのやって来る方向について、県南地域では南西方向という。ところが、県南地域ではそうした強くて速い雷がやって来る方向をフジニシということからサンバイとフジニシは一緒に使われる場合が多い。しかし、大田原市上石上や湯津上村狭原では、強くて速い雷はやって来る雷は、高原山の方向からやって来るので、サンバイの方向は西ないしは北西の方向をさす。このようにサ

稲刈りの様子
宇都宮市瓦谷町

ンバイといわれる雷がやって来る方向は地域により異なる。サンバイとは、速くて強力な雷をいう。

ところで、サンバイのいわれであるが、鹿沼市上石川などではサンバイを「三杯飯を食わぬうちに雷がやって来る」といい、ご飯を茶碗で三杯食べきらないうちに、つまり短時間でやって来ると言っている。一方、小山市下生井白鳥などでは、「西に出た雷で、稲三把マルカナイうちにやってくる」といい、この場合はサンバイをサンバイネと稲にかけていう所もある。また、同じ三把でも大田原市上石上では「西タケヤマ（高原山のこと）に発生した雷は、麦わら三把刈り終わらないうちにやってくる」というように必ずしも稲とは限らずに麦とする所も少数ながらある。

ご飯三杯という所は、鹿沼市上石川、鹿沼市酒野谷、鹿沼市下南摩上坪、芳賀町稲毛田、芳賀町下延生、芳賀町大字西高橋字雷、市貝町文谷、市貝町市塙字前之内、壬生町福和田、石橋町中大領雷電前、河内町叶谷、益子町山本大郷戸などで、サンバイの分布圏では北部に集中している。なお、ご飯三杯とする所では、サンバイをサンバイメ（三杯め）という所もある。

稲三把という所は、粟野町永野山口、小山市白鳥、小山市乙女上、小山市下泉、大平町牛久東岡、大平町富田神ノ倉、岩舟町鷲ノ巣、佐野市船津川で、サンバイ分布圏では県中央部から南西部にかけて見られる。したがってこの地域では、フジニシと同義語でいわれてもいる。また、この地域ではサンバイを稲にかけてサンバイネ（三把稲）という所もある。一方、小麦わら三把という所は、黒磯市百村、黒磯市箭坪、大田原市上石上、石橋町川中子で、サンバイの分布圏ではどちらかというと県北部地域に見られる。このようにサンバイといってもご飯三杯とする所、稲わらあるいは麦束三把とする所とがあり、しかも分布地域が異なるのが興味深い。

なお、サンバイの言葉だけを伝承している所として、鹿沼市笹原田、宇都宮市下栗、宇都宮市針谷、宇都宮市新里、宇都宮市大谷戸室、湯津上村狭原がある。

②サンバイについての他県の事例

サンバイについては、注目すべき民俗語彙として平成三一年に福島県、茨城県、埼玉県、千葉県、東京都、神奈川県、山梨県、長野県、新潟県を対象に各県の民俗研究家にお願いして追加調査を実施した。ついては茨城県、埼玉県、群馬県においてサンバイについての伝承が確認できたので紹介したい。

茨城県では古河市、三和町、坂東市、常総市などにサンバイの伝承がある。常総市出身の小説家長塚節は小説『太十と其犬』の中で「其の暑い頂点を過ぎて日が稍斜《ややななめ》になりかかけた頃、俗に三把稲と称する西北の空から怪獣の頭の如き黒雲がむらむらと村の林の極から突き上げて来た。三把稲というのは其方向から雷鳴を聞くと稲三把刈る間に夕立になるといわれるのである」と書いている。長塚節が住んだ常総市は、鬼怒川の下流、茨城県の南西部に位置する。そのあたりでも長塚節が小説に取り入れるほどにサンバイの言葉が伝承されていたのである。長塚節は雷雲がやって来る方向を西北と書いているが、古河・三和・坂東市の場合は、いずれもフジニシの方向（南西）で、若干方向をことにする。『三和町史』には、「田植えの苗取りをするころは雷も多い時期で、『富士西の三把稲』という言葉があり、富士山が見える方角よりも少し西に雷雲が見えると、苗を三把とらないうちに雨が降り出すといわれている」とあり、この場合の稲三把は苗取りの稲苗三把となっている。つまり時期的には、七月上旬である。（立石尚之「三把稲と富士西～方位と民俗知識のはなし～」『新古河風土記―古河風土記／古河ヒストリー』古河歴史博物館　平成三〇年（二〇一九）より）

埼玉県の場合、鴻巣市、白岡町、羽生市、三芳町、大利根町、皆野町、美里町

などにサンバイの伝承がある。このうち鴻巣市、白岡町、羽生市、大利根町では、サンバイを稲三把、皆野町では稲三束、美里町、三芳町では、麦三把にそれぞれ例えている。一方、美里町、神川町では「三束雨」といい、「麦束を三束たばねないうちに夕立雨が降ってくる」ともいう。また、鴻巣市、白岡町、羽生市では、雷雲のやって来る方向を富士山の方向、つまり南西の方向といい、これに対し皆野町、美里町では、秩父地方から、つまり西の方向からと称している。（柳正博「埼玉県の天気占い—占いの行事、そして自然からの発信—」『調査研究報告第13号』埼玉県立さきたま資料館　平成一二年（二〇〇〇）より）

群馬県の場合、東毛地域（群馬県東部地域）で「フジニシのサンバイネ」という言葉が伝承されている。フジニシは富士山の見える地域を反映し、富士山の少し西、方角とすると南南西をさす。また、群馬県の場合、サンバイネとは、稲の苗束を苗代から三バとる前に降り出すという意味であるという。群馬県は二毛作地帯であることから麦刈りと田植が連続することになり、サンバイとはこの時期の雷の言葉でもある。なお、群馬県では、「御荷鉾（山）の三ゾクアメ」「浅間（山）のサンゾクアメ」など地域によって雷雲の来る方角を表わした言葉が広く用いられている。（群馬県伊勢崎市在住　永島政彦氏のご教示による）

このようにサンバイについての伝承があるのは、栃木県を含めいずれも夏季に雷が多い地域である。サンバイの語の分布は、栃木県の北部地域にも一部見られるが、主に栃木県の南部地域、および茨城、埼玉、群馬各県の栃木県寄りの地域に見られる。いうなれば栃木県がサンバイ分布地域の中心地となっていることが分かる。

サンバイが示す方向は地域によって異なる。栃木県南部から隣接する埼玉県や群馬県では、富士山の見える方向、つまり南西方向とし、フジニシの語と一緒に使われる所が多い。ところがこれらの地域から離れるにしたがってサンバイが示す方向は異なる。例えば栃木県大田原市上石上では西方であり、市貝町文谷では北西、茨城県常総市では西北、埼玉県大利根町北下新井では西方、皆野町、美里町では同じく西方である。こうしたことからサンバイとは、強力な雷のやって来る方向をいったものであるということがわかる。

③サンバイの意味するところ

サンバイについて、栃木県南部地域を中心とする北関東地方の人々は、雷雲のスピードが速く、かつ強力な雷をサンバイと言い、サンバイに対する注意を促すためにそれぞれ例えとして「稲三把まるき終わらないうちにやってくる」とか「ご飯三杯食べ終わらないうちにやってくる」などと言った。これらはあくまでも身近な農作業や食事などになぞらえて言ったものであり、サンバイの意味するところの本質を捉えたものではない。

前に紹介した小島瓔礼は、「中国・四国地方では、サンバイは田の神と考えられ、稲の虫サンバとも関連している」と述べている。また、山中清次は、小島の論考を受けて「サンバイは稲霊のくる方向をいうのではなかろうか」とし、さらに「小山市付近では『雨が落ちた後、虫がつかない』との俗信よりサンバイ信仰の稲の虫サンバイと関連がありそうだ」と述べている。両氏ともサンバイと田の神・および稲霊との関連を指摘している。

そこで、こうした先行研究者の論をもとにサンバイの本来意味するところを考えてみたい。前述したように北関東では、サンバイの例えについて各地で稲三把とかご飯三杯などと称し、「サンバイ」という言葉にこだわっていることが注目される。サンバイの言葉そのものに意味があったからではなかろうか。「中国地方では、サンバイは田の神と考えられる」とあるが、田の神とする背景には、サンバイの「サ」は、サクラ、サオトメ、サナエ、サツキのサと同じであり「サ」は田の神を表すという考えがあったものと思われる。北関東でサンバイの語にこだわるには、中国地方同様にサンバイを田の神とする考えがあったからではなかろうか。こうして見ると、サンバイはもともとサハイであり、後に訛ってサンバイとなったものと考えられる。つまり「サ」は田の神を表し、ハイは「拝」であり、田の神を拝する意味ではなかったろうか。

ところで、野外で農作業に励む農民にとって、真夏の強力な雷は、恐怖そのものであり、いち早く避難を余儀なくされた。しかし、家屋など安全な場所に避難しさえすれば、落雷による感電などの事故は回避することができる。一方、真夏のカンカン照りの時にやってくる雷は、雨を伴い農作物、中でも稲にとっては成長を促すこの上ない恵の雨でもある。家屋などに逃れひと安心した農民は、真夏の雷を恐怖から一転して恵をもたらすものと思ったはずである。北関東では「雷が多い年は、米が良くとれる」との俗言が各地で聞かれるが、この俗言にあるように、真夏の雷は、落雷などの畏怖よりも稲作の成長を促す畏敬の念をもって迎えられた。サンバイが、本来、田の神とされたことがうなずけよう。

ところが、サンバイの本来の意味が次第に忘れられた。そして今日各地に伝わるように、稲三把まるき終わらないうちにとかご飯三杯食べ終わらないうちにやってくるなどと、落雷の恐怖だけが強調され、サンバイは、強力な雷がやってくる方向としてのみ捉えられるようになった。今日伝わるサンバイは、こう考えられるのである。

【各地の事例】

A 麦三把ないしは稲三把という所

◎**黒磯市箭坪**　黒滝山に雷雲がでると麦三把刈る暇がない。

◎**大田原市上石上**　西タケヤマ（高原山のこと）に発生した雷は、麦わら三把刈り終わらないうちにやってくる。

◎**石橋町川中子**　板倉から来るライサマは小麦三バまるき終わらないうちに来る。

◎**粟野町永野山口**　南の方から来る雷様をサンバイといい、イネを三把まるき終わらないうちに来る。

◎**小山市下泉**　フジニシにでた雷は、サンバイネと言い、稲を三まるき終わらないうちにやってくる極めて速い雷だ。

◎**小山市白鳥**　サンバイネの雷は速い（西に出た雷で、三把稲をまるかないうちにやってくる）。

◎**小山市乙女上**　サンバイネは「稲を三把まるき終わらないうちにくる」。

B ご飯三杯という所

◎**鹿沼市下南摩上坪**　サンバイ（フジニシ）の方向に雨が立つと、三杯飯を食べ終わらないうちに来る。

◎**鹿沼市上石川**　フジニシの方（栃木の方）に出た雷雲は、三杯飯を食わぬうちにやって来る。サンバイという。

◎**石橋町大字中大領小字雷電前**　フジニシから来る雷をサンバイ（ご飯三杯らしい）といい、早く来るという。

◎**芳賀町大字西高橋字雷**　サンバイめのカミナリといい、西南（フジニシ）に雷雲が発生すると、ご飯三倍食べないうちにカミナリがやってくる。

◎**芳賀町下延生・同町稲毛田**　サンバイメといい、ご飯三杯食べ終わらないうちに南西方向から雷がやって来る。

◎**益子町山本大郷戸**　未申《ひつじさる》（南西）方向から来るライサマはサンバイメといい、飯を三杯食べ終わらないうちに来てしまう。

◎**市貝町文谷**　北西からの日光雷をサンバイメといい、ご飯三杯食べ終わらないうちにやって来る。

◎**市貝町塙字前之内**　北西からの雷をサンバイメといい、ご飯三杯食べ終わらないうちにやって来る。

◎**壬生町福和田**　フジニシからの雷をサンバイといい、ご飯三杯食べ終わらないうちにやって来る。

Ⓒ単にサンバイという所

◎**湯津上村狭原**　南西の方向からの雷をサンバイといい、たちまちやって来る。

◎**鹿沼市笹原田**　未申《ひつじさる》の方向からの雷をサンバイといい、フッカケ（嵐のこと）が来る。

◎**宇都宮市下栗**　未申の方向からやって来る雷をサンバイとかサンバイ雷様という。

◎**宇都宮市大谷戸室・同市針ヶ谷町上坪・同市新里**　南西の方向からの雷をサンバイという。

3　弱い雷の発生方向

■東の方向とする所

大田原市羽田池端坪　湯津上村狭原、喜連川町上河戸竹宮、宇都宮市下栗町、宇都宮市新里町、鹿沼市上石川、壬生町福和田、石橋町川中子、小山市下泉、市貝町文谷、市貝町市塙字前之内、芳賀町大字西高橋字雷

市貝町赤羽付近より望む雨巻山

■北の方向とする所

小川町浄法寺柳林、粟野町上粕尾細尾、小山市下泉、小山市乙女上

強くて早い雷は、屋外での野作業などを行う際にいち早く察知することは大事なことであり、それに備えることが出来る。一方、強くて早い雷とは発生した方向が異なれば、それは弱い雷で恐れるに足らずという判断がつき一安心である。栃木県の場合、弱い雷の発生方向は、自分のいる所から東の方向が多く一二地区、次いで北の方角で四地区事例がある。例えば、市貝町文谷では「東らい様と女のウデマクリはおっかなくない」、湯津上村狭原では、「東へ出たカミナリは、死んだ人と同じで来ない」というような俗言が多い。このように恐れるに足らずということを表現するために、ここで紹介した「女の腕まくり」とか「死んだ人と同じ」という言葉が各地で聞かれる。

ところでここでいう東へ出た雷とは、八溝山地に発生した雷をいう。具体的に山の名前でいえば筑波山・加波山・雨巻山であり八溝山である。八溝山の場合、大田原市羽田池端では「東へ出た八溝のカミナリは女の腕まくり」というように強い雷ではないとして捉えられる。一方、大田原市福原では「八溝の雷はめったにないが、八溝のカミナリは、ニモッケといい一番恐れられた」というように、稀に強い雷がやってくることもあった。どのような状態の時が、強い雷がやって来るのか、その点については伝承がないが、八溝山からの雷は、「東らい様」だからといっていつも安心できるとは限らない雷であったようである。一方、筑波山や加波山・雨巻山などに発生した雷は、通常の雷雲の移動からすれば西から東への移動であるので栃木県にはやってこない。そこで筑波山などがよく見える芳賀地方の人々は、長年の経験から「東らい様」は来ないと言い当てていたのである。

なお、県西部地域の場合、「東らい様」の伝承は聞かれない。筑波山などははるか遠い山であり、東に発生する雷雲の存在そのものに気がつかないのであろうか。

【各地の事例】

◎**大田原市羽田池端**　東へ出た八溝のカミナリは女の腕まくり。

◎**湯津上村狭原**　東へ出たカミナリは、死んだ人と同じで来ない。八溝雷は、男カミナリ。声だけでっかくて空威張り。

◎**市貝町文谷**　東ライサマと女のウデマクリはおっかなくない。

◎**小川町浄法寺柳林**　那須雷はほとんどこない。

◎**粟野町上粕尾細尾**　北の方からくる雷は害なし。

◎**小山市乙女上**　北の雷は北なりの神だからこない。

V

雷にまつわる民話

雷および雷神にまつわる民話が栃木県内にいくつか伝承されている。比較的広く知られた民話としては、前に述べた粟野町下粕尾に伝わる録事尊の話がある。この録事尊の話をはじめ雷神にまつわる民話の中には、雷神が失敗して人間に助けられるという、極めて人間味をおびた雷神の話がある。烏山町下境に伝わるクワバラの由来や録事尊の話は、雷神が天から落ちてしくじったという話である。一方、下野市薬師寺の天狗と雷神での伝承では、天狗に姿を変えた雷神が寝姿を見られ本性を知られてしまうという失態を犯す話になっており、怖い雷神のイメージはない。むしろ少々滑稽な雷神として伝承されているとところに身近な存在としての雷神の姿を見るのである。しかし、話の結末は、雷神を助けた話の場合、助けた人間が住む土地には、以後、雷を落とさないとの約束をし、結果、その土地では落雷がすくない話となっているのが注目される。

一方、雷神に対し手荒くしたり粗末に扱ったところ雷神の仕返しを受けるという話がある。こうした話には、雷神の祟り神的な意味合いが感じられ、そこから雷神を粗末にするものではない、手厚くもてなすものだという雷神に対する人々の意識が窺える。

こうしてみると雷および雷神にまつわる民話は、つまりは雷神の威徳・威力を物語るものであり、また、ライ神信仰に関わる特定の社寺の場合は、その社寺のご利益を喧伝する意味合いが強く感じられる。

一 クワバラの由来

烏山市下境

昔、クワバラというところに雷サマが落ちた。付近の百姓たちは、いつも悪さばかりしている雷サマをこの時とばかりよってたかっていじめた。あわてた雷サマは、背負ってきたタイコを忘れて帰っていった。ほとぼりが冷めた頃、雷サマは、恐る恐る太鼓を取りに戻ったが、百姓たちはどうしても返してくれない。そこで雷サマは、平身低頭して「決してここには落ちないから返してくれ」と懇願した。それを聞いた百姓たちは、「そんならば」といい「約束は忘れんなよ」といって太鼓を返してやった。それ以来、クワバラには雷サマが落ちなくなった。そこで余所の村人たちも、雷サマが落ちないようにクワバラ　クワバラというようになったという。そんな話あったっけ。

（下野民俗研究会員が行った聞取り調査より再話）

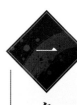

二 火鉢の中に落ちた雷さま

足利市板倉町

ある年のこと、古河城の土井大炊頭《おおいのかみ》という殿様の居間にあった火鉢の中へライサマが落ちた。落ちたはずみで殿様は飛ばされたが不思議にも少しのケガもしなかった。殿様は、「これは領地の足利の板倉に鎮座する雷電神社を日頃から敬っていたお加護だ」として、その火鉢を雷電神社に奉納し、本殿の縁の下に埋め、いっそう信仰を深めた。

それから何十年か後、この話を聞いた近くの喜福寺という禅寺の小僧が、何とかしてその珍しい火鉢を手に入れたいものと思い立った。真冬だとライサマは冬眠中であろうと考え、わざわざ寒い日を選んで、とうとうその火鉢を掘り出した。火鉢を両手でかかえまさに出ようとした時、これまで雲一つない空は黒雲におおわれ雷鳴がひっきりなしにとどろいて、どしゃぶりとなった。しかし、小僧は泥んこになりながらも、火鉢をはなさずお寺にかけこんだ。寺ではこれを雷火鉢とよ呼んで秘蔵しているとのことである。

（『栃木県神社誌』栃木県神社庁　昭和三九年・一九六四年より再話）

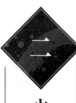

三 餅をのどにつかえた雷神

宇都宮市大谷

宇都宮市大谷町の戸室山麓の集落では正月に餅を食べない風習がある。戸室山神社の祭神である鳴雷神《なるいかづちのかみ》は、正月餅が喉につかえて死んだ。以来、麓の集落では正月に餅を食べなくなった。食べると雷が落ちるからという。

（地元の古老の話より再話）

四 雷の通洞

芳賀町稲毛田

稲毛田の富士山に別雷神社《わけいかづちじんじゃ》が祀られ、その北側に洞穴がある。言い伝えでは、この穴は竜宮まで通り抜けていて。雷が時々この洞穴より出ては天に昇って雨を降らせる。雷が雨を降らせ終われば、またこの洞穴より入

天狗山雷電神社

りて、竜宮へ行くのだという。
この地が落雷や降雹、洪水の被害が少ないのは、里人が気持ちを一つにし毎日交代でこの洞穴にお参りしたからだという。
（芳賀町史報告書第七集『祖母井の民俗所収　吉水楽山「稲毛田の里」昭和九年』
芳賀町史編さん委員会　二〇〇一年・平成一三年より再話）

五　天狗と雷神

下野市薬師寺

薬師寺の鎮守八幡宮の入口に雷電神社があり、雷電神社が祀られている地を天狗山という。

むかし、薬師寺のある家に小島天狗と呼ばれる天狗が住み着いて、「俺がいるうちは薬師寺に雹を降らせない」といっていた。ある日、彼が「自分の寝姿は決して見るな」といって休んでいたが、見るなといわれれば見たくなるのが人情で、家の者がそっと襖を開けて見てしまった。その姿は大きな羽を広げたまさしく天狗であったという。見られたことに気づいた天狗は、そのまま姿を消してしまい、それからというもの薬師寺も雹に見舞われるようになったという。

（南河内町史編さん委員会『南河内町史　民俗編』
南河内町　平成七年・一九九五年より再話）

六　鳴井山

南那須町月次

雷神信仰で霊験あらたかな加茂神社は、通称、鳴井山といわれる。

その昔、この鳴井山を一人の武士が訪れた。人々がお参りしている姿を見て、霊験が本当かどうか試してみようと思い、多くの参拝者の前で、「もし、本当に霊験あらたかならば、われに神罰を下してみよ」というが早いか、拝殿の柱に刀で切りつけた。しばらくして何の変化もないので、その武士は、鳴井山の神をあざ笑うように「霊験なんかないっ」といって神社を立ち去ろうと石段を下り始めた。その時である。にわかに大雷鳴がとどろくと同時に、雷が武士に落ち死んでしまった。お参りに来ていた人々は、霊験あらたかさに驚き鳴井山をますます信仰するようになったという。

（『那須烏山の民話』那須烏山市観光協会　二〇一七年・平成二八年より再話）

七　鏡岩　雷さまのたたり

足利市助戸東山

足利市助戸東山にある雷電神社のすぐわきに「鏡岩」という岩がある。この岩は不思議なことに雷さまの姿を映すという。ある時、近くの百姓が、不心得にもこの岩の一部を欠いて持ち去ったかと思うと近くの農家にゆずってしまった。しばらくして、この農家で稲荷様を作りかえた時に、何とあろうことかその岩を稲荷様のすわり石として使用したという。ところが、数年たったある年、この岩を盗んだ親父さんは。野良仕事をしていたところ雷さまがさがって死んでしまった。また、稲荷様を作りかえた家は絶えてしまったという。

（毎日新聞社宇都宮支局編『ふる里の心』月刊さつき研究社　昭和五二年・一九七七年所収　松浦一行「雷神信仰」より再話）

八

雷さまを射止めたお殿様

氏家町勝山

ある夏のこと、どうしたわけか朝から雷が鳴りだして、黒雲が立ちこめ、雷は止むことを知らずにゴロゴロとなり響いていた。勝山城のお殿様の中務《なかつかさ》正《しょう》は少々気が短かったせいか、何時までも鳴りやまぬ雷に腹を立て、傍らにあった弓を手に取ると黒雲めがけて矢を放った。するとその矢は黒雲に吸い込まれるように姿を消した。と同時に、それまで荒れ狂ったようになり響いていた雷は、ぴたりとやみ、降り続いていた雨もやんだ。矢は見事に雷神を射抜いたのだろう。中務正は、わが腕前を見よとばかりに威張っていた。

ところが、天気が続きっぱなし、そのうち地面はカラカラに乾き、作物も枯れ始め、大干ばつとなった。雷神の祟りだったのだろう。さすがの中務正も慌てふためいた。農民も困り果て餓死する者が出る始末で、当の中務正一族も飢え死にし、城も絶えてしまったという。

（石岡光雄編『氏家むかしむかし』株式会社ヨークベニマル
平成八年・一九九六年より再話）

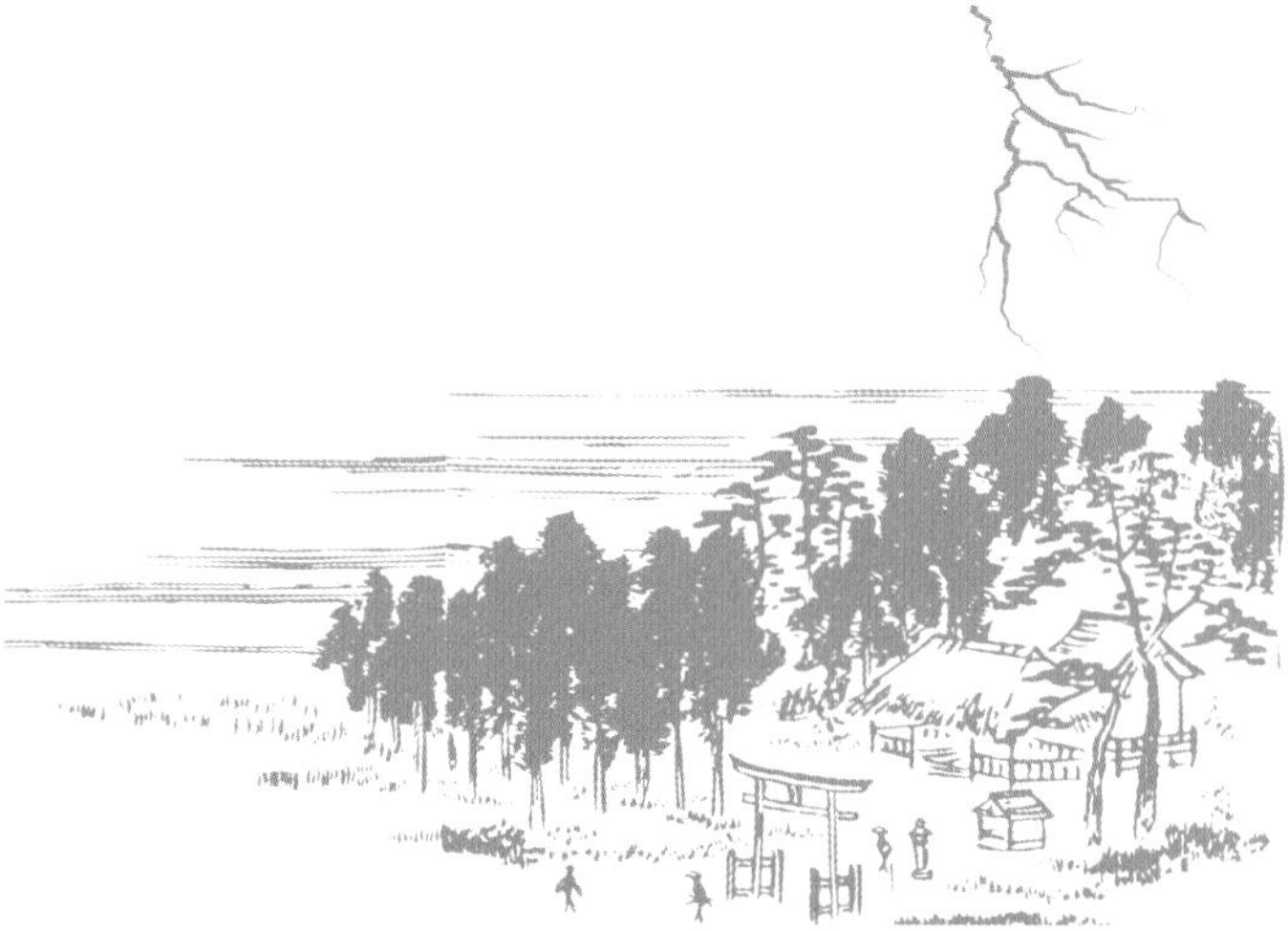

Ⅵ

雷神信仰の篤《あつ》い社

—月次の加茂神社・平出の雷電神社・板倉の雷電神社・樋口の雷神社—

最後に、栃木県内および群馬県や茨城県の栃木県寄りの所にある雷除け・雹嵐除け、雨乞いなどの信仰を篤く受ける社をあらためて紹介したい。栃木県内にあっては南那須町月次の加茂神社、宇都宮市平出の雷電神社、粟野町下粕尾の常楽寺、鹿沼市草久の古峰神社、粟野町入粟野の賀蘇山神社、田沼町多田の別雷神社、茨城県にあっては下館市樋口の雷神社、および真壁町の加波山神社、大子町の八溝嶺神社、群馬県にあっては板倉町の雷電神社などである。なかでも月次の加茂神社、平出の雷電神社、下粕尾の常楽寺の録事尊、樋口の雷神社、板倉の雷電神社は、特に落雷除け、雹嵐除け、雨乞いなどの信仰が篤く、周辺地域には広い信仰範囲を持ち数多くの講中が見られ信者の数が多い。このうち下粕尾の常楽寺の録事尊については、落雷除け信仰の所で詳しく述べた。残りの四社についてはは今までも述べたが、少々断片的すぎた。そこで月次の加茂神社など四社が、どのような理由で雷神信仰を集めるに至ったか、改めて社寺の由来、祭礼内容、信仰内容、信仰の範囲等について詳しく述べたい。

ところで、月次の加茂神社以下の神社に共通するものに、境内に地下水が湧き出す泉、あるいは沼がある。これらの泉や沼は、どんな日照りでも決して涸れることが無いといわれ、雨乞い信仰が盛んである。こうしたところに四社がことのほか広い信仰圏を有し多くの講中を持つにいたった理由が考えられる。

一 那須烏山市月次の加茂神社

加茂神社は栃木県那須烏山市月次の鎮守社である。この付近は喜連川丘陵が北西から南東方向に広がり、その間に荒川や江川およびその支流が流れ細長い谷を形成している。加茂神社は江川の作る谷の東側の丘陵中腹に位置している。江川にかかる参道上の赤い橋からは、田んぼの中の鳥居と鬱蒼とした森林だけが見え、長い参道を歩き森林に囲まれた石段を上ると加茂神社が現れる。石段の中腹には、どんなに日照りでも涸れずに音をたてて湧き出す泉があり、その泉を「鳴井」と呼んだことから加茂神社は通称「鳴井さん」と呼ばれ親しまれている。

喜連川丘陵や八溝山地の谷に展開する水田稲作地帯は、その多くが丘陵や山地に湧き出す乏しい地下水の泉を水源とするもので、梅雨時に日照りが続くと水源はたちまち涸れてしまう。一方、丘陵や山地上あるいはそれらに接する台地上では突風や降雹の災害を受けやすい葉煙草などの栽培が盛んに行われた。こうしたことから喜連

丘陵の中腹にある加茂神社へむかう人々

拝殿内の大絵馬

川丘陵や八溝山地一帯の農民は、日照りが続けば雷がもたらす雨を期待し、雷に伴う突風や降雹の際には、雷神に突風除けや降雹除けを願ったものである。こうした地域の真っただ中にある加茂神社は、周辺地域の農民から篤い信仰を受けて来たのである。

加茂神社の創建は、『荒川村誌』によると人皇第四三代元明天皇の時代和銅四年（七一一）に山城の国（京都）鎮座の加茂別雷神社を勧請したという由緒ある神社である。江戸時代には領主の大久保氏から篤い信仰を受け、明治二九年には大久保氏の末裔の貴族院議員大久保忠順氏より、大幕一張りその他の物品が奉納されたとの記録がある。

こうした由来の古さ、信仰の篤さを示すように神社の建物も立派である。本殿は安政二年（一八五五）の再建で、屋根は木羽葺《こばぶき》であり主要構造部及び彫刻部分には欅の上物材が使われ、その彫刻は見事である。本殿は雨覆《あめおおい》とともに那須烏山市指定文化財となっている。

また、この付近の神社にしては珍しく巨大な絵馬が奉納されている。中でも特筆すべきは、「天岩戸神楽図絵馬」と「繋ぎ馬図絵馬」である。天岩戸神楽図絵馬は、縦一六七センチ、横三六〇センチの大きなもので、明治三五年（一九〇二）壬寅の年に宇都宮市の画家菊地愛

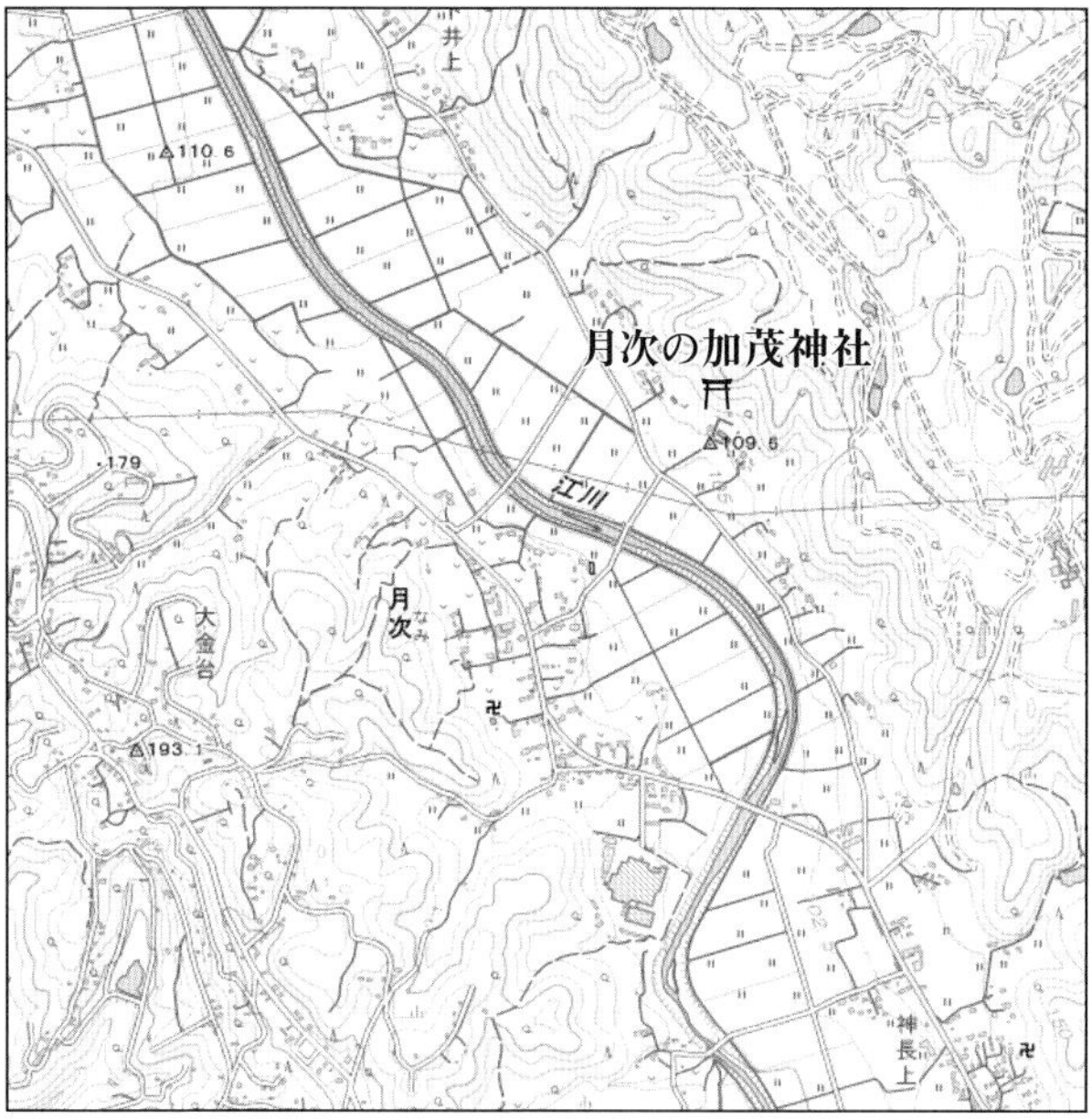

那須烏山市（旧南那須町）月次の加茂神社付近図
（国土地理院 2万5000分の1地形図を加工し作成してあります）

山（一八一九―一九〇六）八四歳の時の作である。依頼者は熊田、南大和久、三箇、上川井、志鳥、烏山、下川井村の那須郡総連中であり、一九〇名余りの伊勢皇大神宮参拝人の名が絵図の左側に記載されている。一方、繋ぎ馬図絵馬は、白地に赤の晴れ着で着飾った全身真っ黒な馬の姿を描いたものである。古代、馬は神様の乗り物とされ願い事をする際に馬を奉納したもので、雨乞いには黒馬を、晴天祈願には白馬を奉納する風習があった。加茂神社拝殿に掲げられる黒馬の繋ぎ馬図絵馬の奉納には、古代に倣って雨乞いを祈念して奉納したものであろうか。加茂神社には、これら絵馬の他に巨大古木根の飾り物や五穀豊穣を願った置物など近郊地域の信仰の厚さがわかる多くの奉納物がある。なおこれらは「加茂神社の献額、絵馬群（一八点）」として平成四年六月二四日南那須町有形民俗文化財に指定されている。

加茂神社に対する信仰は、前にも述べたように雷除けと雨乞いである。雷除けの祈願は、春の祭礼に行われる場合が多く、一方、雨乞いは、その必要性が生じ

祭礼に参列した氏子たち

た際に行われる。

信仰範囲は、おおむね北は黒羽町北野上田中内、同町余瀬、馬頭町大山田上郷あたり、東は馬頭町富山、烏山町下境、茂木町山内甲あたり、南は益子町七井、市貝町市塙前之内、芳賀町芳士戸あたり、西は塩谷町東房、塩谷町船生川村、矢板市上大槻辺りまでの広範囲にわたる。

加茂神社への参詣は、個人の場合は加茂神社から遠距離の所に位置する場合が多く、前述の信仰範囲でいえば、黒羽町余瀬、馬頭町大山田、矢板市上大槻、塩谷町東房、茂木町山内甲など信仰圏の縁辺部に見られる。一方、集団で講を組織する場合は、個人参詣の場合よりもより神社に近い所に見られ、通常くじ引きで選出された代表者が参詣に行く代参の形をとる場合が多く、講組織を「鳴井講」と称する所が多い。

このように加茂神社は南那須地域では、多くの人々から篤い信仰を受ける神社であった。そうしたことを受け、明治政府が定めた社格制度では、栃木県内における雷神を祀る神社として最高の郷社郷として格付けされた。第二次世界大戦後、社格制度は廃止されたが、今でも一の鳥居の脇には「郷社　加茂神社」と彫られた石柱が建立されている。

加茂神社の一番大きな例祭は、五月第三日曜日（以前は旧暦三月二五日）に行

加茂神社における月別参拝者数

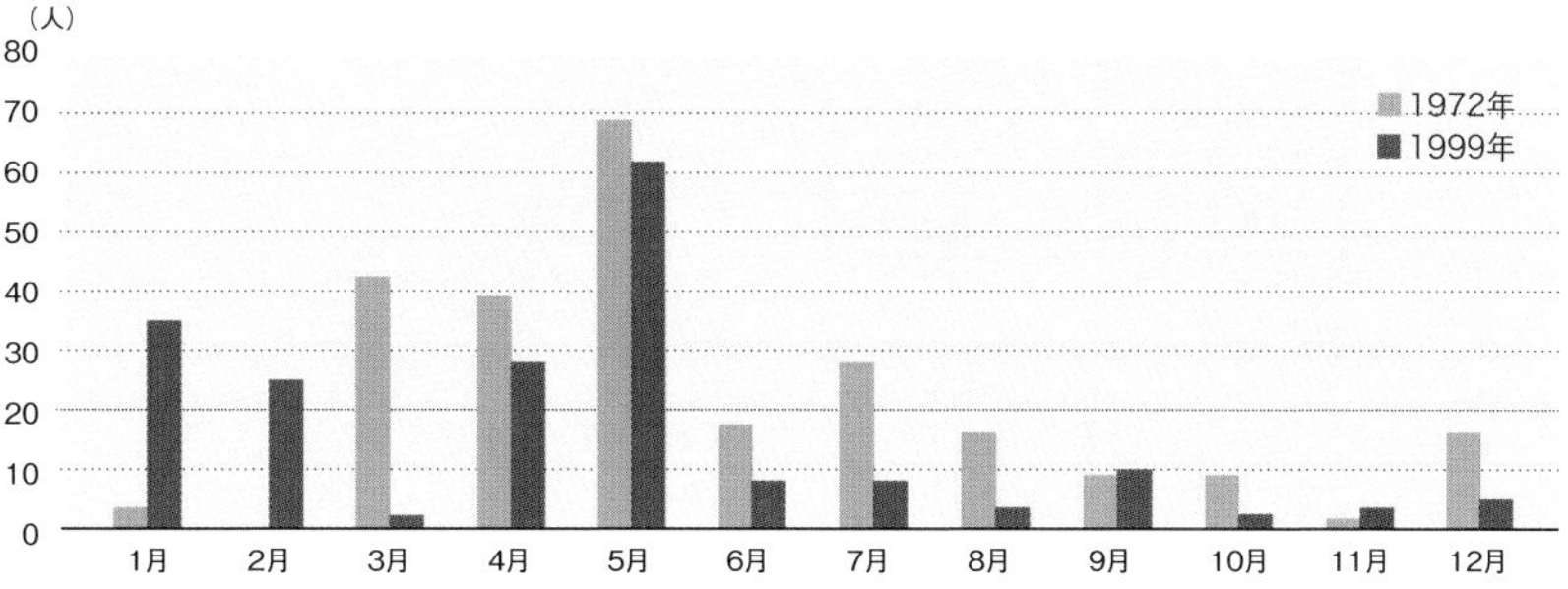

江原久絵「栃木県における雷神信仰－南那須町月次の加茂神社を事例として」より

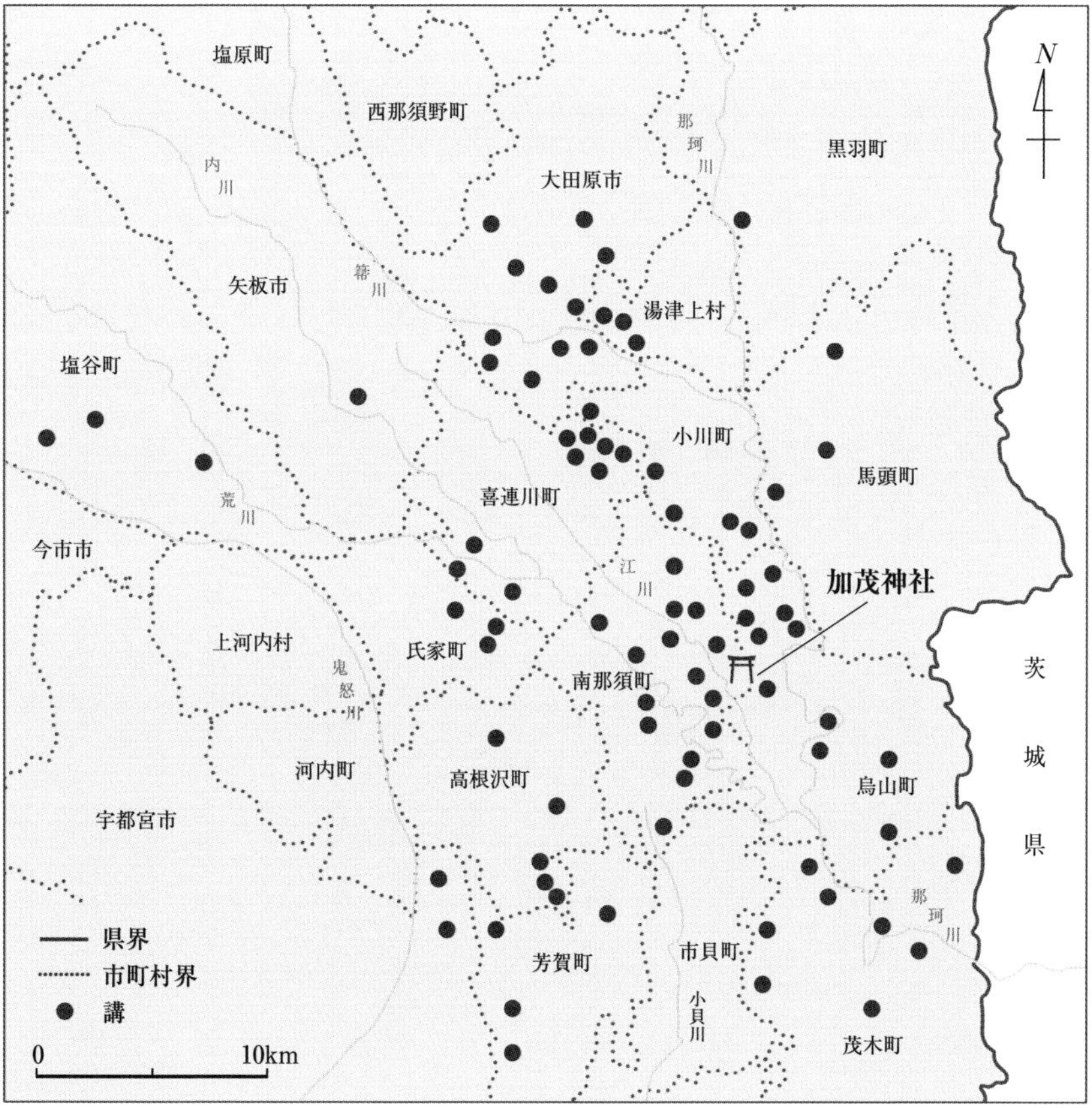

加茂神社の講分布図

江原久絵「栃木県における雷神信仰－南那須町月次の加茂神社を事例として」より

中学生による浦安舞

われる「加茂神社嵐除大祈願祭」である。祭礼では、神主のお祓い・祝詞奏上等の神事の他に、近隣の育成会、商工業団体、農業団体などが参加して行われる梵天奉納や餅撒きあるいは神楽舞等多彩な行事が行われる。梵天奉納は、一〇メートルあまりの根っこつきの孟宗竹の先端に包装用のビニールテープ（本来は、節の無い檜の角材を鉋で削った帯状のもの）を房状に取り付けたもので、竿の途中に麻の手綱を何本結びつけたものである。以前は、個人や各団体で掘り起こした孟宗竹を五キロ離れた南那須町大金の役場に運び入れて梵天奉納の準備をし、県道を歩いて加茂神社まで運び入れたという。しかし、交通量が増した現在は、近くの工場の広場で準備をしている。梵天は鳥居を少し入った参道の入り口付近で威勢よく地面にたたきつけ、その後、境内までの三〇〇メートルほどの参道を一気に駆け上がり、神社に奉納し五穀豊穣を祈る。奉納された梵天は、神社の脇の梵天立てに飾られて、大みそかに燃やされる。昔は、高根沢町文挾、茨城県の高部などから多数の梵天が奉納され賑わったものである。

神楽舞については、一次期、地元月次の女子中学生などが巫女舞を演じたことがあるが、現在では児童生徒の数が少なくなり巫女舞は中止となり、代わりに隣の集落の熊田の太々神楽に上演を依頼している。餅撒きは、梵天奉納団体が持参してきた餅の他に、地元で搗いたモチ米三〇キロ入り七袋分の紅白の餅がまかれる。餅まきは、参詣者にとって祭礼の最大の楽しみであり、拝殿前には地元の氏子はもとより遠くからの参詣者が待ち構える中で行われる。（荒井　幸子　記）

二　宇都宮市平出の雷電神社

祭りの織旗がたなびく

平出の雷電神社は、ＪＲ宇都宮駅より北東に直線で約四キロのところに位置する神社であり、祭りの折に鳥居脇に立つ「平出雷電神社」と大きく黒々と書かれている幟は、遠目からも目を引く。神社は火山灰が堆積する宝木台地の東の端に位置し、東側は鬼怒川の作る沖積地となっている。現在、神社の西側に広がる台地は、一九六〇年代に開発された宇都宮工業団地やその後に開発された住宅地となっている。しかし明治四五年大日本帝国陸地測量部発行五万分の一地形図を見ると、西側の台地は広葉樹林に覆われた樹林地帯であり、一方、東側の沖積地は一面

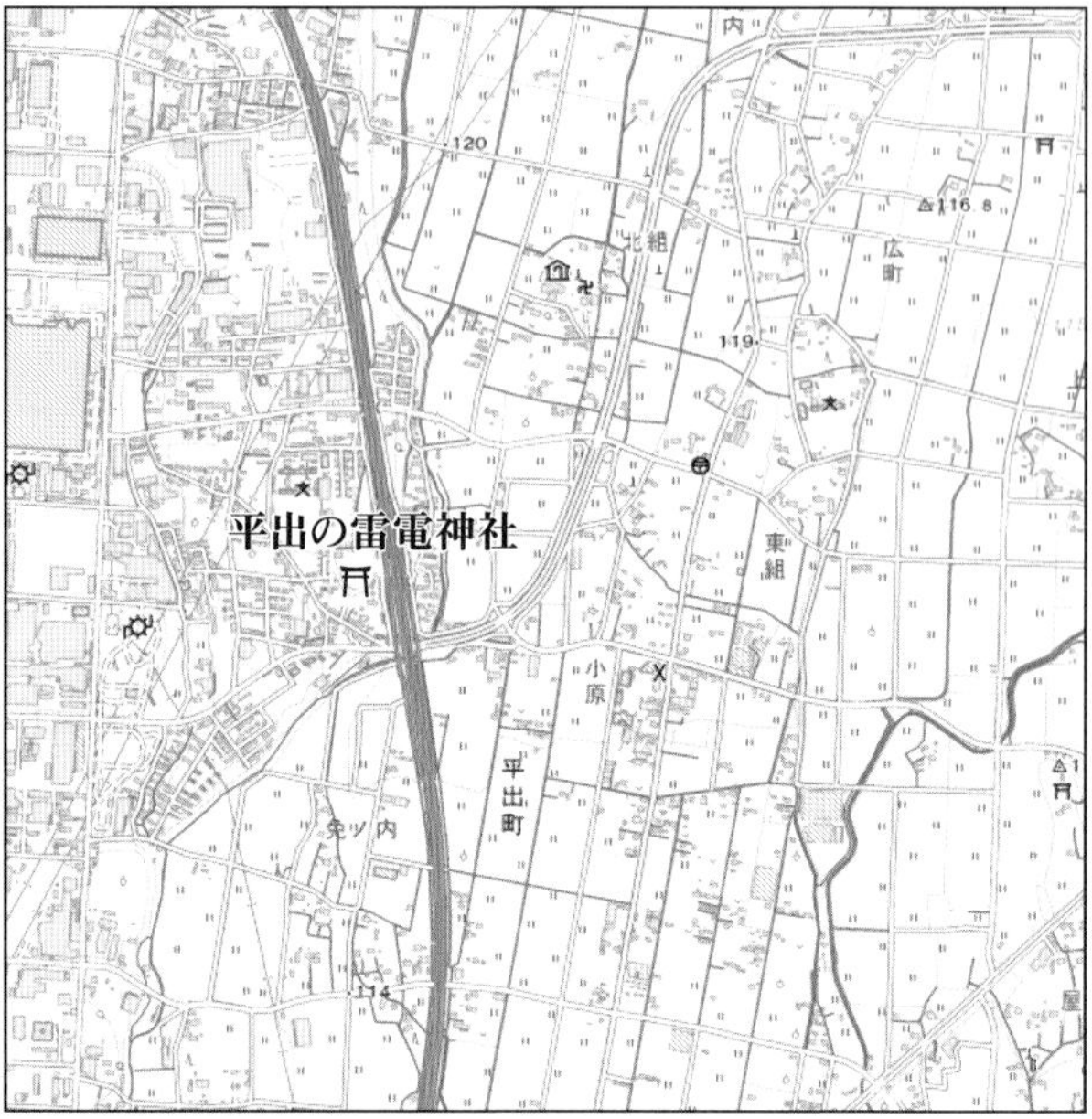

宇都宮市平出の雷電神社付近図
（国土地理院 2万5000分の1地形図を加工し作成してあります）

水田地帯でありその中に集落が点在する。

神社の境内は、台地と沖積地にまたがり、台地上に拝殿や本殿、ご神木、扁額絵馬殿、手水舎など主要な建物があり、沖積地へ下る崖の下に井戸（註）がある。井戸は大谷石屋根で覆った立派な造りであるが、残念ながら現在水は枯れ大谷石屋根も崩れかけてしまっている。昔は豊富な湧き水で満たされた井戸で、雨乞いの際には、この井戸の水を水田や用水などの呼び水とし借りて行ったものであるが、工業団地など台地の開発が始まったころから水位が下がり枯れてしまったという。

平出の雷電神社の主祭神は、別雷《わけいかづち》之《の》大神《おおがみ》である。

社伝によると平出雷電神社の歴史は古く、仁和二年（八八六）三月一五日京都、山城国一の宮上賀茂大明神より神霊を分霊したといわれる。応仁の乱後、神社は衰退し、正徳年間（一七一一〜一六）には、神社を再生するために領主の平出孝政が領民とはかって社殿を再建したという。享和二

註　114頁写真を参照

氏子たちによる勇壮な梵天の奉納

年（一八〇二）、光格天皇の臣下が当地を巡行中嵐にあい、当社が雷除、嵐除等にご利益ありと知って参拝し、道中安全と農民安泰を祈願したという。天保五年（一八三四）には現在の社殿を新築した。元治二年（一八六五年）三月、京都神祇伯王家令・大和守藤原朝臣より「雷電宮」の称号を賜るが、明治初年、神仏分離の際に雷電宮を平出神社と名を改めた。明治一二年（一八七九）九月、明治政府の神社格付けにより村社に位置づけられた。通称、雷電様といい、地元民は親しみを込めて雷電様と呼んでいる。

神社で最も賑やかな祭礼は、四月第三日曜日の春季例大祭と、七月第四日曜日の夏大祭である。春季例大祭は、宇都宮市内、上三川町など近辺の個人や雷電講の代表者が参拝してお札をもらい、雷除け、雹嵐除け、五穀豊穣を願う。夏大祭は、梵天奉納神事が盛んであることから通称梵天祭といわれる。平出地区の氏子を中心に八地区当番制で担当する。地区の中には小さな地区もあるので、そこは他の地区と合同で行うので、実質六つの地区の持ち回りとなる。

梵天奉納は、毎年二つの地区が一本ずつ梵天を作り行う。梵天は長さ一〇メートルもある根っこつきの孟宗竹の先端にビニールひも（以前は麻、かんぴょう、桧材を薄く削ったものだったが、今は軽量化のためにビニールを使う）を房状に取り付けたものである。そろいの法被姿の氏子が梵天を上下にゆらして参道を歩

梵天を御神木に結びつける

き、梵天の先を拝殿に突き出しては戻る。これを何度か繰り返す。最後に、神様を招く目印とするために梵天の上部のみを参道脇のご神木に結びつけて一連の梵天奉納神事は終了となる。

昔は、各地区内に梵天を廻していたが、今は交通に支障がでるので安全のため参道のみで行われる。また今は奉納された梵天は短く切ってご神木に縛りつけているが、昔は長いままの竹を割ってまとめて縛り、それをご神木のそれも遠くからでも見えるようにご神木の先に結びつけたものである。

なお、平出の雷電神社では、梵天の先を上下にゆらして歩くことを「ねりあげる」という。梵天は幣束の一種で神が宿るものであり、これを練り上げることによって疫病退散など魔を払う意味があるのだという。

梵天奉納および子供たちの神輿奉納終了後、それぞれ二組が梵天奉納に際して持参してきた餅を参拝者目掛けて撒く餅まきが行われる。夏大祭は、平出の雷電神社の氏子にとってまたとない楽しい祭りでもある。

雷電神社は、古来より雷除け信仰で知られているが、それ以外にも稲作の豊穣、開拓、殖産、災難除け、勝運（「タマヨケ神社」ともいわれた）の御利益があるといわれている。平出雷電講は、戦前は四〇〇以上あったというが、今では

氏子より奉納された猫図絵馬

講の活動はなく、個人の信仰が中心となっている。氏子は約三〇〇戸で、信仰範囲は地元平出はもとより宇都宮市内、高根沢、塩谷、市貝、上三川、芳賀などにおよんでいる。主な信仰内容は、梨農家や葉煙草栽培農家などによる雹嵐除け、突風除けであったが、近年では電気工事、精密機械、高速道路関係者の落雷除け信仰が目立つという。

なお、参道西側の扁額絵馬殿に猫の姿を描いた絵馬が数点奉納されている。神社によると猫は雷鳴や雷光に敏感であるといい、そうしたことから猫は落雷除けに霊験あらたかとされ、猫図絵馬が奉納されるのだという。

この他に日照りの時には、神社の東側の崖下にある井戸の湧き水を「お水借」といって水田稲作農家が水をもらいうけ、田んぼにそそぐ雨乞いの信仰も篤かった。

平出の雷電神社の氏子たちは、雷が鳴ってきても犬の散歩などをしているという。「怖くないのですか」と他県の人に問われるが、「そんなことはない。普通のこと」とにこやかに首を振るという。普段より「ライデンサマ」と親しみを込めて呼んでいる神社のおひざ元では、今でも雷電様の信仰が生きているようだ。

（青木　智子　記）

三　群馬県板倉の雷電神社

板倉の雷電神社は、群馬県板倉町大字雲間《はさま》にある。そこは利根川と渡良瀬川とが合流する地域で、両河川の沿岸には沖積低地が広がる。また、両河川の間をわずかの高みの台地が北西から南東へと舌状に延びる。社殿はその台地の端にあり、すぐ西側には台地の谷間に作られた板倉沼（雷電沼ともいう）がある。明治三四年八月作成の「群馬県上野国邑楽郡伊奈良村大字板倉鎮座雷電神社之景」によると、当時は、広大な板倉沼があり、沼に半島状に突き出た台地の突端に雷電神社が祀られていることが分かる。その後、板倉沼の干拓が進み、現在では雷電神社の西側に残るのみとなっている。

祭神は、火雷大神《ほのいかづちのおおかみ》、大雷大神《おおいかづちのおおかみ》、別雷神大神《わけいかづちのおおかみ》である。創建は神社に伝わるところによると、推古天皇六年（五九八）、当時は伊奈良《いなら》の沼(註1)と呼ばれる湿地に浮かぶ小島であったこの地に、聖徳太子が東国へ来訪の折に神の声を聞き、祠を設けて天神を祀ったものが始まりとされている。

板倉の雷電神社は、古くからこの地方の為政者の信仰が篤く、神社棟札による

註1　伊奈良の沼については、「上毛野の伊奈良の沼の大藺草　よそに見しよは今こそまされ」と『万葉集』にも詠まれている。現板倉沼、通称雷電沼とも。

と、「飯野城主篠崎三河守により天文一六年（一五四七）年正月一一日全神殿造営」とあり、室町時代末期には、立派な社殿があったという。(註2) 江戸時代の延宝二年（一六七四）、当地を治めていた館林藩の藩主であった徳川綱吉が本社社殿を再建し、後に彼が長じて徳川幕府の第五代将軍となるに及んで、次第に繁栄するようになった。明治期の社格制度では、無格社など格付けの低いライ神社の中にあって郷社という高い格付がされた。現在の本社社殿は、天保六年（一八三五）、奥社社殿は慶応四年（一八六八）の造営である。なお、江戸時代までは、神仏習合の形態をとり、別当寺として雲間山竜蔵寺があり、明治期の神仏分離により廃寺となった。

落雷除けや雹嵐除け、あるいは雨乞いに霊験新たかとされた板倉の雷電神社は、地元群馬県はもとより栃木県、埼玉県、茨城県、千葉県、東京都などとその信仰は広い範囲におよび数多くの板倉雷電講が組織された。ちなみに『板倉町史通史上巻』（昭和六〇年刊）によると、正確な数値は把握できないとしながらも、神

群馬県板倉町の雷電神社付近図
（国土地理院 2万5000分の1地形図を加工し作成してあります）

註2　宮田茂『板倉町史通史下巻』板倉町史編さん委員会　昭和六〇年（一九八五）による。

立派な造りの拝殿

社社務所に保管されている講中名簿（昭和三五年・一九六〇）と板倉町史編さん室が調査（昭和五三年・一九七八年）したものと併せて確認した講中は概ね次の通りとある。

まず、各県別の講中数からみると、地元群馬県よりも栃木県および埼玉県の方が数多く、なかでも栃木県の講中数は他県を圧倒する。

各県別板倉雷電講数

栃木県八一六（三八・七％）　埼玉県七〇二（三三・三％）　群馬県二七二（一二・九％）　茨城県二一六（一〇・二％）　千葉県五七（二・七％）　東京都四三（二・〇％）　その他五（〇・二％）　合計二一一一

次に、栃木県における板倉雷電講数の内訳について見ると、板倉の雷電神社に近接する小山市や下都賀郡、佐野市、栃木市はもとより宇都宮市も多く、また今市市や遠く塩谷町など広い範囲に雷電講が組織されていることが分かる。栃木県内でこれほど広い信仰範囲を持つライ神社は他になく、いかに板倉の雷電神社が篤く信仰されていたかがわかる。全体的にいえば、渡良瀬川、思川流域、および足尾山間地から山麓一帯に板倉雷電講が多い。つまりこの地域一帯が、栃木県内

雷電神社祭礼の賑わい

では板倉の雷電神社の信仰がとりわけ篤い地域といえる。

板倉の雷電神社信仰を促した要因は、江戸時代から足尾山間地から山麓一帯では大麻の栽培が盛んであり、また、宇都宮市から小山市、下都賀郡、栃木市などにまたがる台地上の畑作地帯や水田裏作地帯では干瓢の原料となるユウガオや麦の栽培盛んで、いずれも雷に伴う降雹や突風などの被害を受けやすいといった農民の暮らしがあったこと。もう一つは、冬季の積雪量が極めて少ない足尾山地や台地に水源を持つ渡良瀬川や思川などは、梅雨時に日照りが続くと川は水量を減じ水稲の栽培に支障をきたし、また、地表水に頼らなければならない台地上の畑作地帯では雨が降らなければ作物の栽培に支障をきたすといった自然的な事情があったことなどがある。

このようにこれらの地域では、雷除けを期待する信仰が篤い反面、日照りが続けば雷がもたらす雨の恵みを期待するといった、板倉の雷電神社の信仰を受容する要因があった。

栃木県内各地区雷電講数　総数七八六

小山市一一四、下都賀郡一一一（都賀町一〇・岩舟町七・野木町一七・国分寺町一二・藤岡町・一七・大平町一七・石橋町一一）、宇都宮市一〇八、佐野市九〇、**栃木市八五、鹿沼市八四、足利市六五、安蘇郡田沼町四九、今市市三四、河内郡二七（上三川町一三・南河内町一二・河内村二）、上都賀郡一六（粟野町一一・西方町五）、塩谷郡塩谷町一、芳賀郡二（二宮町一・芳賀町一）**

大祭は、かつては旧暦四月一日、現在では五月一日から五日までとなっており、この期間中が講中の代参者や個人の参詣者で最も賑う。かつては旧三月初寅の日または前寅の日（丑の日）から旧六月初旬の農休みの半夏《はんげ》（註3）までの間、現在は五月中旬から七月半ばまでが安全祈願祭とされ、雷除けや雹嵐除け等の祈願のために参詣する者が多い。ちなみに昭和四〇年代頃まで野州大麻が盛んに栽培された頃、麻栽培地帯では、麻の種まきが終わると講中の代表者二名が参詣し、お祓いを受け、雹嵐除けのお札を講中の人数分受けて来たもので、帰宅後お札を各家に配る。各家では、嵐除けのお札を竹竿の先に刺し、麻畑に突き刺し麻の無事成長を祈ったものである。

このように大祭を中心とした春から何にかけては、雷除けや雹嵐除け祈願者が多いが、旱魃の際には、その都度雨乞い祈願の参詣者で賑った。講中の代表者は、それぞれ竹筒などの容器を持参して参詣し、雨乞い祈願の祈祷を受け、その後に神社西側にある板倉沼の聖水を組み入れて持ち帰り、地元の用水などに呼び

註3　半夏生ともいい、夏至から一一日目の日をいう。農家では、この日までに田植えや麦刈りを終了させるものといわれ、農休みの日とされた。

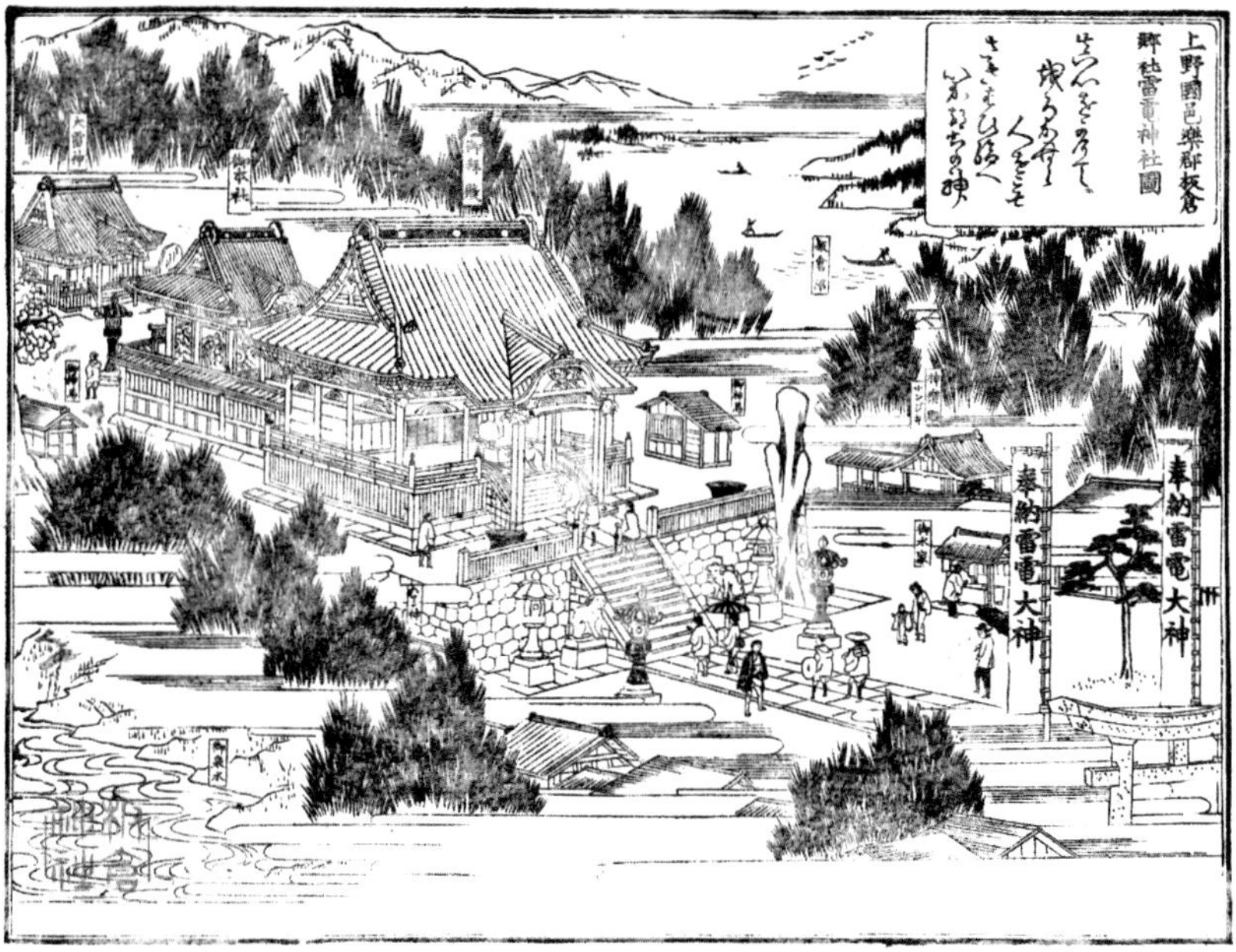

明治末頃の板倉雲間鎮座　雷電神社全景

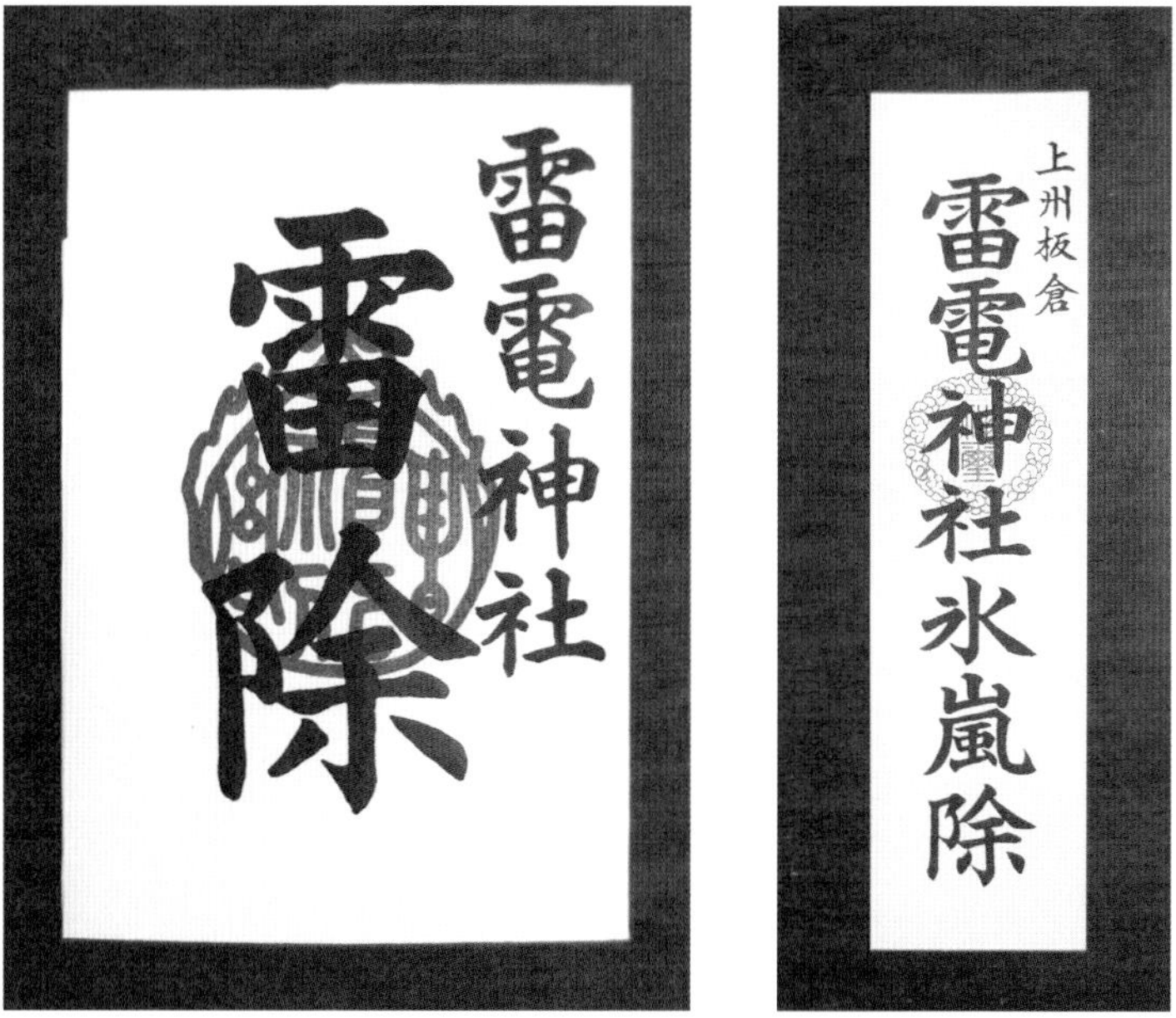

板倉の雷電神社の雷除け・氷嵐除けのお札

名物ナマズの天ぷらの料理店

水として注ぎ降雨を祈願する。野木町や小山市など板倉の雷電神社に徒歩でも行けるような近隣地帯では、「総参り」と称して雨が降るまで毎日講中の者が交替で雨乞い祈願に参詣したり、あるいは講中全員で参詣する場合もあった。

ところで、板倉の雷電神社付近は、前述したように板倉沼を始め、小河川が入り組む水場であり、河川漁労が盛んな所でナマズやフナ、コイ、ウナギなどが沢山捕れた。そうしたことから雷電神社の門前にはナマズの天ぷらやウナギのかば焼きなどを名物とする飲食店が立ち並び、参詣者はこうした名物料理を食べるのが楽しみでもあったという。

（坂本　明　記）

四　茨城県筑西市樋口の雷神社

樋口の雷神社（いかづち神社・正式には靁の古い字体を用いる）は、一般には樋口の雷神様と呼ばれている。鬼怒川左岸の台地の東端にあり、段丘崖の東側には五行川の作る低地が広がる。

祭神は、別雷大神であるが、御神体は、長さ三尺（約九〇センチ）のヒスイの原石といわれている。神社の創建については、社伝によると寛治元年（一〇八七）白河天皇の御代、八幡太郎源義家が後三年の役に出羽の豪族清原家衡・武衡を奥州金沢に討ち、帰陣の際当地に休息し、一字を建立して凱旋の報賽を行ったのがはじめといわれている。その後天文一四年（一五四五）一一月水谷蟠龍斉正村は、樋口に久下田城を築城し、当神社を祈願所とした。享保一七年（一七三二）五月石川総茂は下館城主となり、当社を篤く崇敬したといわれる。

茨城県筑西市（旧下館市）樋口の雷神社付近図
（国土地理院 2万5000分の1地形図を加工し作成してあります）

雷神社の信仰は、雷除け、雹嵐除け、雨乞いはもとより、火防せ、虫封じ、さらには村内・家内安全と幅広いものがあり、雷神社がいかにこの地域の人々の暮らしに深くかかわっていたかが分かる。そうした信仰の中でも栃木県内の場合は、雷除け、雹嵐除け、雨乞いの信仰が強い。

その信仰範囲は、本県においては芳賀郡から鬼怒川を越えた南河内町薬師寺や上三川町明治など河内郡の

平成 25 年天気占いの結果（林憲彦撮影）

人々の注目の中で行われる湯立神事（林憲彦撮影）

一部にかけての広い範囲におよんだ。また、信仰範囲の中には、集落ごとに講を組織する所が多く、大祭などの折の参詣には、個人の参詣者とともに講中の代参者で賑った。もっとも雷神社に近い真岡市君島、小林、南高岡ではソウダチ（総出ち）といい各戸一人ずつがお参りに出かけ、月参りには、講中の中から選ばれた代表者がお参りにいったものである。

大祭は昔は旧暦三月一五日であったが、その後、四月五、六日となり、現在は四月第一日曜日となっている。祭礼で特筆すべきは行者による湯立の神事である。湯立の神事は、元禄四年（一六九一）に神社の本殿を改築した時から始められたものといい、神楽殿前に設けた大釜で湯をわかし、白装束すがたの行者が両手に握った笹束を煮えたぎった湯に浸し、湯しずくを頭から浴び、神がかりになった状態で、その年の吉凶と雷の状況を告げる。この時、そばに控えていた係の者がすばやくお告げを書きとどめ、参詣者に知らせるとともに、印刷したものを氏子に知らせるというものである。なお、お告げは、よく当たるという。

この大祭および大祭後の参詣祈願は、主として雷除け、雹嵐除けなどである。真岡市辺りでは、雹嵐除けのお札は、田の水口や苗代に立てたり、辻札をムラの四方の境に立てたものである。

その他に梅雨時に日照りが続き、田畑に水不足をきたした際には、臨時の雨ご

樋口の雷電神社社殿（林憲彦撮影）

い祈願の参詣者で賑った。社務所の東側の段丘崖に下から湧水が流れ出ていて、それが小さな池を作っていた。そこから水を持参してきた竹筒などに汲み入れ、神社で祈願してもらった後、一気に集落に持ち帰る。その途中で絶対に立ち止まってはいけないとされた。途中で足を止めると、そこに雨が降ってしまうという。集落に戻ると、用水に注ぎ呼び水としたり、あるいは集落の四方の境に撒いて降雨を祈願したという所もある。一方、雨乞いを雷神社が行うこともあった。その方法は、雨が降るまで鉦を叩き続け、お囃子を奏でたり、この間、神主は交替で祝詞を唱え続けた。これには真岡市中、小林、南高岡あたりからも手伝いにいったという。現在では、この清水が涸れてしまい、その跡さえ不明な状態になっている。

以上、雷神信仰がとりわけ篤い月次の加茂神社、平出の雷電神社、板倉の雷電神社、樋口の雷神社について詳く述べたが、四社とも近年、従来の雹嵐除けや雨乞い祈願などの信仰が衰退の傾向にある。麻、ユウガオ、葉煙草などの栽培が衰退し、梨栽培では降雹の被害を防ぐ防護ネットが完備したこと、また、稲作の電気用水による灌漑の発達など農業の在り方が変わってきたからである。一方、電気関係者による落雷除けの信仰が篤くなっている。ライ神社に対する信仰も人々の暮らしとともに変化している。こうしたライ神社に対する人々の信仰の変化は、現世のご利益を願う日本人の信仰を如実に物語る。

あとがき

本書を読まれて「かみなり県」栃木を十分に実感していただけましたでしょうか。そしてなぜ半世紀もの時間を経て雷神調査報告書がまとめられたのかが、お解りいただけたでしょうか。

前書きにも書いてありますように、私は専門家ではなく、民俗学に興味を持って柏村先生の講座を受講し、縁あってまとめ作業の一員として携わることになった一人です。

そんな私が編集にもかかわることになり心掛けたことは、一般の人でも解りやすく理解してもらえるように読みやすい「本」にすることでした。とかく学術報告書や研究書などの専門書は難読地名や専門用語にルビも打たず、本文の註と末尾の註釈とを行ったり来たりしなければならず、読みにくい構成となっています。また画像なども少なく解説だけではイメージしにくく苦労することも多々ありました。そのような意味で本書が一般図書として形式にとらわれずに出版できたことは幸いです。

さて、私の担当は当時の手書き調査カードをパソコンデータに移し替える作業の一部と、栃木県の白地図に調査した地域の位置を同じくパソコンに落とし込む作業、板倉の雷電神社についての記述でした。与えられた内容はメールに添付して事前に先生に送ってありますので、どのように先生に評価されるのか毎回プレッシャーを感じる打合せでありました。それは私だけではなくメンバー全員も同じで、割り当てられた課題をクリアーできたかどうかの発表の場でもありました。こうして月に一度ほどの割合で行われた全員での打合せは実質的に先生を講師とする民俗学の勉強会となっていたのです。

ところで本書の写真映像の多くは先生が撮影したものです。出版にあたり新しく撮影したものは大猷院の雷神像と板倉の雷電神社の玉垣の二枚のみです。先生は当たり前のように写真を選んでいましたが、改めて研究者としての地道な積み重ねを知ることができました。

あとがきを書くにあたり、私なりの考えをのべさせていただきます。文化財など形あるものは誰にでも目に触れますので、保存など注意が注がれやすいのですが、民俗資料の中の一般的な行事や身近な祭りなどは当たり前すぎて保存や記録がなされていないのが現状です。一例として本文にもありますように、落雷除けの風習の多いものの一つとして「蚊帳に入る」があります。ところが現在の若い人たちは「蚊帳」がどのようなものなのか知らないのです。雷神信仰調査がおこなわれてから約半世紀という時間が、庶民の生活の歴史を伝えることを難しくしています。

私には未来の若者の声が聞こえてくるような気がします。「失われてしまった昔のことを何故もっとたくさん記録に残してくれなかったのか。」何でもないと思う身近なことを記録することが、実は未来にとって、もの凄く大切なことなのではないでしょうか。

令和の私たちがいろいろなことを学ぶことができたのは、昭和の雷神信仰調査カードのコピーがあったからなのです。

最後に、勉強の機会を作ってくださった柏村祐司先生、調査をした下野民俗研究会有志の皆さん、一緒に学んだ「雷神信仰調査グループ」のメンバー、そして本書の刊行を勧めてくださった卯木伸男氏に感謝いたします。

坂本　明

参考文献

・栃木県神社誌　栃木県神社庁　昭和三九年（一九六四）
・東洋大学民俗研究会「粕尾の民俗」昭和四八年（一九七三）
・大島建彦著「録事尊の巡行」東洋大学「東洋」第十巻第十一号　昭和四八年（一九七三）
・山中清次「栃木県南地方における雷神信仰」『民俗学評論第一五号』大塚民俗学会　昭和五一年（一九七六）
・毎日新聞社宇都宮支局編『ふるさとの心』月刊さつき研究社　昭和五二年（一九七七）
・栃木市史編さん委員会『栃木市史民俗編』栃木市　昭和五四年（一九七九）
・宇都宮市教育委員会社会教育課編集　『宇都宮の祭りと芸能』　宇都宮市教育委員会　昭和五九年（一九八四）
・栃木の地理ものがたり編集委員会『栃木の地理ものがたり』日本標準　昭和五九年（一九八四）
・宮田茂『板倉町史通史下巻』板倉町史編さん委員会　昭和六〇年（一九八五）
・真岡市史編さん委員会『真岡市史　第五巻　民俗編』真岡市　昭和六一年（一九八六）
・芳賀町史編さん委員会『芳志戸の民俗―芳賀町大字芳志戸―』芳賀町史編さん委員会　平成九年（一九九七）
・柳正博「埼玉県の天気占い―占いの行事、そして自然からの発信―」『調査研究報告第一三号』埼玉県立さきたま資料館　平成一二年（二〇〇〇）
・江原久絵『栃木県における雷神信仰―南那須町月次の加茂神社を事例として―』筑波大学第一学群自然学類地球科学　平成一二年（二〇〇〇）度卒業論文
・柏村祐司著『栃木の祭り』随想舎　平成二四年（二〇一二）
・駒場一男著「名医ろくじ法眼」平成二七年（二〇一五）駒場一男発行
・『宝木用水（新川）物語』国本地区づくり振興会　平成二八年（二〇一六）
・立石尚之「三把稲と富士西～方位と民俗知識のはなし～」『新古河風土記―古河風土記／古河ヒストリー』古河歴史博物館　平成三〇年（二〇一九）
・柏村祐司著『なるほど宇都宮　歴史・民俗・人物百科』随想舎　令和二年（二〇二〇）

［著者紹介］

柏村 祐司／かしわむら ゆうじ

1944年、宇都宮市生まれ。宇都宮大学教育学部卒
現在、栃木くらし文化研究所代表、栃木県立博物館名誉学芸員、とちぎ未来大使。その他のおもな役職として栃木県歴史文化研究会顧問、下野民俗研究会顧問、栃木県民話の会連絡協議会顧問など。主な著書『栃木の祭り』、『ふる里の和食　宇都宮の伝統料理』、『栗山の昔話』、『なるほど宇都宮』など。

下野の雷さまをめぐる民俗

2021年7月15日　第1刷発行

著者　柏村 祐司

発行　有限会社 随 想 舎
〒320-0033 栃木県宇都宮市本町 10-3 TSビル
TEL 028-616-6605　FAX 028-616-6607
振替 00360-0-36984
URL https://www.zuisousha.co.jp

印刷　晃南印刷株式会社

装丁　栄舞工房

　ISBN978-4-88748-394-1